阻止欺凌，
你可以做到！

[新加坡] 凯瑟琳·陈爱花 / 著

谢 影 / 译

湖南少年儿童出版社
HUNAN JUVENILE & CHILDREN'S PUBLISHING HOUSE

图书在版编目（CIP）数据

阻止欺凌，你可以做到！/（新加坡）凯瑟琳·陈爱花著；谢影译. —长沙：湖南少年儿童出版社，2018.8
ISBN 978-7-5562-3820-0

Ⅰ.①阻… Ⅱ.①凯… ②谢… Ⅲ.①校园－暴力行为－预防 Ⅳ.①G474

中国版本图书馆CIP数据核字（2018）第153294号

ZUZHI QILING, NI KEYI ZUODAO!
阻止欺凌，你可以做到！

策划编辑：周　霞
责任编辑：钟小艳
封面设计：李星昱　进　子
版式排版：雅意文化
质量总监：阳　梅

出 版 人：胡　坚
出版发行：湖南少年儿童出版社
地　　址：湖南省长沙市晚报大道89号　邮编：410016
电　　话：0731-82196340　82196334（销售部）0731-82196313（总编室）
传　　真：0731-82199308（销售部）0731-82196330（综合管理部）
经　　销：新华书店
常年法律顾问：北京长安律师事务所长沙分所　张晓军律师
印　　刷：湖南立信彩印有限公司
开　　本：880×1230　1/32
印　　张：4.5
版　　次：2018年8月第1版　印　次：2018年8月第1次印刷
书　　号：ISBN 978-7-5562-3820-0
定　　价：29.80元

版权所有　侵权必究
质量服务承诺：若发现缺页、错页、倒装等印装质量问题，可直接向本社调换。

序言

很荣幸有机会应作者之邀，由我介绍她这本为中国读者专门创作的《阻止欺凌，你可以做到！》。此书可能会让您回想起自己当年的学校经历。常常有人问我，相较于20～30年之前，现在的校园欺凌是否变得更加严重了。倘若您是在15年前问我，我可能会让您举例子证明它到底严重了还是减弱了。但现在再来看这个问题，我的回答是肯定的：是，现在更严重了。这是因为，在我们上学读书的年代，还没有这么多高科技电子设备和互联网让儿童和青少年使用，而我认为正是由于不恰当地使用这些先进的技术和设备，导致了欺凌的增加。

尽管校园欺凌是全世界普遍存在的现象，成年人在处理这个问题上的反应却多少是滞后和迟缓的。人们通常觉得"男孩天生淘气、爱打架""女孩就是小巧玲珑的"，这样的观点会让成年人意识不到孩子在学校日常生活中所遭受到的欺凌的严重程度。这样的态度把我们的孩子推向没有成人支持的孤独的世界。孩子们最需要的，恰恰就是来自成人的支持、密切的亲子关系等。家长、老师包括校长都不愿意承认他们的孩子或他们的学生小团体参与或谋划了这样的破坏性行为。一旦成年人担心"失去颜面"，我们就会"失去孩子"。很不幸，在过去的这些年中，我们正在不断地"失去儿童，失去青少年"。中国与其他国家一样，也是如此。

否认或不正视欺凌可能会导致儿童的自杀行为。这是最为严重的后果。按人口比例统计结果发现，因承受欺凌所导致的低自尊学生，通常在一个班级中会占25%左右。家长和老师有可能不觉得这个比例有多高，实际数字与人口规模成正比。然而，恰恰就是这部分学生，在有关抑郁的调查中会持续明显表现出低自尊。不要忘记，人类是掩藏自己真实想法和感受的大师，很多早期的经历决定了今后的发展却没有被揭示出来。儿童早期所经历到的包括那种心死一般的绝望，会长久影响他们的心理健康。

作为被欺凌儿童的家长，您的主要关切是希望那种欺凌行为立刻停止或已经停止。没有任何短暂停止敌对行为是可以被接受的。如果世界上发生的冲突可以通过简单打个响指就解决，那可多好啊！如果我们希望学校欺凌事件越来越少，我们作为成年人就必须有耐心且富有创造性才能实现这个目标。

如果您是家长，您则有义务在减少学校欺凌事件中发挥作用。如果您是一位每天面对班里40多个学生的老师，您就更加义不容辞。如果您是学校的校长，您对反校园欺凌的态度会至关重要。任何在最初的时候被忽略的欺凌行为，它的发展势头尤为猛烈，破坏力比刚发生的时候还要大甚至严重许多。因此，我们每个人都有责任。当然，在这个领域我们都不是专家。

癌症、肝炎、肺炎还有其他疾病，需要一定数量的特定的专家和专业从业人员负责治疗。实际上，许多疾病如果能获得足够的重视和关注，就能给病人带来一种全新的信念，从而提高生活的质量甚至使病人逐渐康复。

欺凌虽然不是绝症，但需要有专门的受过训练的从业人员去协助处理，处理这些欺凌问题的要求是：

1. 理解这个现象为什么会出现在才五岁的儿童身上；
2. 通过新的理解思路引导我们缜密思考，找到并应用解决问题的新办法。

一般情况下，人们完完全全改变一个态度不能过于依靠法律来实现。立法通常是我们的第一反应，这可能会导致一个错误，认为这个问题已得到解决。态度的根本扭转最可行的渠道是教育，而教育是需要付出努力、时间和耐心的。我们的社会需要的是新的和不同的教育方法，在这个过程中我们会面临挑战。

校园欺凌在全世界的所有学校都存在且历史久远。可悲的是，它在将来不会消失。就算我们尽了最大的努力，它还会一直存在着，所幸它能通过每所学校教师和家长的充分重视而减少出现的次数和强度。欺凌是一个"人性"的问题，一个没有受过教育的人是很难明白暴力行为是不能实现大家所期望的个人或社区所追求的理想生活欲望的。

当妈妈们阅读此书的时候，你们可能已经找到"为什么我的孩子被其他人欺负"这个问题的答案。很多妈妈告诉自己的孩子："亲爱的，那个欺负你的女孩子嫉妒你！"您说的倒是对的。许多妈妈在欺凌事件中只要用手一指就能说出中心或根本问题。我教过的上千名学生的确能证实欺凌都与嫉恨有关。但这样的回答未免太过简单，这种简单的解释无法安慰那些男孩、女孩，反而会让他们消沉。要知道解决嫉恨是非常复杂的另一种教育过程，甚至需要另外专门著书论述。

作者凯瑟琳·陈爱花在如此复杂的欺凌问题上，通过本书阐述了她自己独特的、精彩的观点，这些视角足以让我们受益匪浅。在阅读的过程中，希望您能发现自己有经验或擅长的某个领域，帮助您的孩子或他所在的团体，减少欺凌事件的持续发生。而家长和学校应该停止对彼此的相互指责，一起面对这个现实。学校和家长必须避免在错误的方向上耗费过多时间、精力的投入。请学校和家长作为合作者，携手共同解决校园欺凌。这样的合作关系从此刻就应该开始。

罗伯特·佩雷拉
澳大利亚预防欺凌国际咨询师

目录

001 | **第一篇　关于欺凌你应该知道的几个事实**

002 | 第一章　欺凌的行为有哪些?

009 | 第二章　怎么知道谁是欺凌者?

014 | 第三章　如何识别孩子是否被欺凌?

018 | 第四章　旁观者为何无动于衷?

023 | **第二篇　欺凌发生后，家长应该怎么做?**

024 | 第一章　欺凌带给孩子的伤害

031 | 第二章　帮助有特殊需求的孩子

037 | 第三章　孩子被欺凌了怎么办?

048 | 第四章　怎样教会孩子自我保护?

052 | 第五章　帮助孩子摆脱校园欺凌的建议

063 | **第三篇　欺凌者其实也是受害者**

064 | 第一章　当欺凌者长大后

067 | 第二章　帮欺凌者交朋友

071 | 第三章　欺凌者家长何时应寻求专家帮助?

1

| 075 | 第四篇　面对欺凌，学校应该怎么做？

| 076 |　第一章　校园欺凌是怎么产生的？
| 086 |　第二章　男生校园欺凌和女生校园欺凌
| 092 |　第三章　欺凌后，如何处理家长和学校之间的关系？
| 102 |　第四章　如何与受害者／欺凌者的家庭交流
| 110 |　第五章　如何处理受害者与欺凌者家庭之间的争端

| 115 | 第五篇　留守儿童的欺凌问题

| 116 |　怎样帮助留守儿童？

第一篇　关于欺凌你应该知道的几个事实

DIYIPIAN

第一章　欺凌的行为有哪些?

第二章　怎么知道谁是欺凌者?

第三章　如何识别孩子是否被欺凌?

第四章　旁观者为何无动于衷?

第一章 欺凌的行为有哪些？

欺凌是指一个人正在遭受带有目的的言语或行为的伤害。儿童不会把发生在实力、人数或能力等不相上下的人之间的争执当作欺凌。判定一个行为是否属于欺凌，需遵循一定的标准。这些标准包括：意图带有明显的敌意，双方实力相差悬殊，带给他人痛苦，富有挑衅性。这样的行为随着时间的推移会重复出现。受害者遭受到了痛苦，而欺凌者却显得麻木不仁。整个过程中，这些欺凌者对自己的作为似乎觉得还比较满意，对方越是痛苦他们越是高兴。从受害者的角度而言，这太不公平，是错的，是不正义的。这种行为可发生在任何年龄段和不同性别的人身上。以往，女孩之间的欺凌主要采用言语的伤害和社会性的方法，而男孩之间更多的是身体的攻击。但现在已经不是这样了。

欺凌行为包括伤害一个人的身体和财物。它包括：

◆撞击　◆脚踢　◆拳击　◆推打　◆捏或掐

◆掌掴　◆绊倒　◆向对方吐口水　◆拽头发

◆做出下流粗鲁的手势　◆抢走或破坏他人的物品

言语欺凌是指说出或写出刻薄或不善的内容。它包括以下这些形式：

◆挑逗　◆性取笑　◆讥讽　◆胁迫

◆取外号

社会性的欺凌也称为人际关系欺凌，即伤害他人的名誉或与他人的关系。行为包括：

◆让其他人不和某个人交朋友

◆拉帮结派对付一个人

◆传播关于某人的恶意谣言

◆故意孤立一个人

◆在公共场所令他人难堪

◆ 指责、责骂

◆ 妄加评判

◆ 歧视或轻视

网络欺凌或网络骚扰是通过手机、电脑等电子设备，使用网络社交工具，比如社交网站、聊天室、电子邮件、博客、短信、虚假的社交网页，对他人实施攻击和侵扰的行为。它可以每周、每天随时随地发生在一个独处的孩子身上。网络欺凌可以通过伪装成他人的身份出现，这是一种极为隐秘和匿名的欺凌。一旦带有攻击性的、侮辱性的文字、短信、图片发送出去则很难销毁删除。这种欺凌因为家长和权威部门的监管力度不够或缺乏监督而难以被甄别发现。它包括以下形式：

◆ 网络缠扰：使用互联网与他人联系，对他人威胁、骚扰、折磨并带来伤害和恐惧。

◆ 孤立排他：蓄意在网络群体中孤立一个人。

◆ 骚扰：用电子邮件、手机短信反复发送重复的带有恶意的、不善的信息。

◆ 公开散布：事先不征得对方同意，在网上发送有关他的敏感、隐私、难堪的文字、图片。即便是大声读出保存在手机上的关于他人隐私的短信，这也是散布流言蜚语。

◆冒充：以他人的名义发布不当内容。

◆个人情况造假：用假名隐藏自己的真实欺凌者身份，通常对方是非常了解你的熟人。

◆侮辱贬低：发送传播关键的信息破坏他人的名誉、朋友间的友谊。

◆欺骗：在取得他人的信任后，向第三方揭发他的隐私和秘密。

◆捣乱行为：精心策划，用侮辱性和下流的语言击垮他人，以吸引并激起网民的回应。

◆诋毁：通过聊天室、网站、电子邮件或短信发送关于他人的刻薄言论和玩笑。

上述内容是欺凌的常见形式。在有些国家，欺凌的形式比这些更加严重，比如使用枪支、刀等武器或剃须刀片等各种尖锐的工具侵犯他人。

不同类型的欺凌案例

为了帮助读者更清楚地理解欺凌的各种行为，我们一起来看一些案例，并确定它是否属于欺凌行为。案例中的故事和名字绝大部分都是虚构的，除非另有说明；任何相似之处都是高度巧合罢了。

案例一： 嘉俊是大三学生，是秀琳的朋友。嘉俊迷恋秀琳，但秀琳没有同感，所以拒绝了他的约会，但仍然与他保持普通朋友关系。有一天，嘉俊在一个社交网络上创造了一个名叫"韩伟"的男孩的虚假人物，并开始与秀琳交往。在几个月的时间里，他们相互认识，建立了更深厚的友谊。"韩伟"在通信中表示他喜欢秀琳的为人，使秀琳认为"韩伟"对自己产生了兴趣，而他们可以进一步谈恋爱。当秀琳建议见面的时候，"韩伟"突然提到自己新认识的女性朋友并建议一起见面。秀琳感到不满，向"韩伟"追问他与新女性朋友之间的关系状况。这时，"韩伟"语言攻击秀琳，声称自己从来没有打算和她建立起更深层次的关系，因为她是一个独占欲过高、没有安全感的女孩，所以他觉得秀琳永远不会成为一个好伴侣。随后，"韩伟"通过社交平台攻击秀琳的性格，产生了一系列负面评论。为了逃避痛苦,秀琳自我伤害。您觉得案例中嘉俊的行为是不是属于带有目标性的欺凌呢?

案例分析:首先,嘉俊创造了一个虚假的形象来欺骗秀琳,他是带有目的要伤害秀琳的。他冒充"韩伟"这个虚假人物,用诡计诱使秀琳相信他们之间可以成为情侣。当秀琳掉进他的圈套时,他转过头来侮辱和毁谤她的名誉。这些行为是有意的,属于网络欺凌的范畴。

案例二:2016年5月12日上午,杰瑞在学校体育馆练习打篮球。郝民是他的狂热支持者之一,经常到体育馆来捧场。杰瑞看见郝民时,大声喊了他的名字,同时迅速把球扔向郝民。郝民措手不及,就被球打倒在地上。郝民因此受伤被送到医院,诊断为轻微的脑震荡。郝民的父母强烈要求学校暂令杰瑞停学。对此,您怎么看?

案例分析:这是因杰瑞错误的判断而对郝民造成了伤害;教师可以向家长解释这样的事故并非欺凌行为,劝解家长接受杰瑞的道歉。

案例三： 九岁的李敏回家哭泣，抱怨她的同学惠欣很霸道。上星期在课间休息的时候，惠欣坚持他们一起玩捉迷藏的游戏，并提出了大家必须遵守的游戏规则。今天，惠欣再次提出了类似游戏的新规则。当李敏表示游戏规则不公平的时候，惠欣不但阻止她一起玩耍，而且还告诉其他玩伴忽视李敏。您会如何评价惠欣的行为呢？

案例分析： 这样的儿童行为是非常普遍的。想要按照自己某种想法进行游戏是正常的，不属于欺凌的行为。我们需要帮助孩子们明白，如果他们想和朋友在一起游戏，那么他们必须准备好按照他人说好的规则玩游戏，如果他们不能接受就选择退出。虽然对李敏来说，这样的游戏方式并不愉快，但惠欣的行为并不是欺凌。日后，倘若惠欣进一步联合玩伴一起孤立和反对李敏，这样的行为就属于社会性的欺凌行为了。

第二章　怎么知道谁是欺凌者？

　　无论什么长相和体形的人都可以成为欺凌者。电影里欺凌者的形象通常块头高大、相貌丑陋。而现实生活中的实际情况与此不同，我们不能简单地通过看一个人的外表就知道他是不是欺凌者。这个世界上没有任何一个人的脸上写着"看吧，我是欺凌者"。那么我们怎么知道谁是攻击人的欺凌者呢？

　　欺凌者选择他们可以欺负的人作为对象。 欺凌者对大众的意见都不感兴趣，他们只关心保持在自己所属的组织内的良好评价。欺凌者自以为自己比其他人强大。

他们会挑选那些被团体孤立的、害羞的孩子，比如刚转学来的还没找到朋友的新生，往往成为被欺凌的对象。欺凌者还喜欢寻找那些看上去与众不同的孩子去欺负。在青少年时期，孩子们渴望融入群体中，那些看上去有些异类的孩子往往缺乏安全感，而容易成为攻击者的目标。

欺凌者难以承认自己的错误。他倾向于责怪别人，有时甚至假装自己是受害者，把责任推卸于他人："他惹我生气，所以我才失控的。"这样的行为也被称为"责备转移"，利用这种策略来保护自己，避免承担责任和惩罚。他试图通过操纵对方在他人心目中的印象，显得自己才是受害者。不幸的是，"责备转移"通常是一个有效的工具，让他人将注意力从真正的问题转移，而不是关注在欺凌者和他的行为上。

欺凌者通常缺乏共情能力。在20世纪90年代初，神经科学家里佐拉蒂（Giocomo Rizzolatti）和他的意大利同事们发现了人类脑前额区的镜像神经元。镜像神经元能够像照镜子一样通过内部模仿而辨认出所观察对象的动作行为的意义，并且做出相应的情感反应，它使我们能够体谅对方的经历，产生同理心。例如，当我们看电视节目中的演员哭泣时,我们会像他一样有痛苦的反应或哭泣。因此,一般来说,人类避免伤害他人是因为我们有良知让我们会感到悔悟。共情是一种可以体会到其他人感受的能力。共情的能力直接取决于我们感觉和能够识别这些感觉的能力。只有通过承认自己的痛苦和面对自己的感受,欺凌者才能了解受害者的感受,否则是无法对受害者产生同情心的。

欺凌者往往具有侵略性和自负。他们并不试图隐藏他们的侵略性行为。他们经常率先唆使别人一起欺负受害者。他们是好战的,无畏的,冲动的,并显得不可一世。富于攻击性的恶霸会对自己的行为感到满意,因为会产生一种良好的感觉。他们强制要求对别人施加权力,并让其受到控制。他们的欺凌行为可能是随机的,不分青红皂白的,并且是由侵略性和对别人的敌意的个性特征而推动的。正因为如此,侵略性的恶霸通常是最难处理的。一些侵略性的恶霸在家里其实就是曾被虐待的孩子,所以他们来到学校就把自身的怒气发泄在同学身上。被虐待的孩子通常会有反击行为或逃避现实的反应;因为他们无法抵挡家中比他更大的亲人,所以他们更倾向于通过对同龄人或任何可以欺负的人施加权力来发泄自己的怒气。

欺凌者对他们所做的事情并不感到羞耻，不管多么糟糕。他们经常向同学炫耀，并为自己的所作所为感到自豪，自以为这样就会提高自己的声誉。这就解释了我们会看到视频被自由地上传到互联网上的原因，欺凌者为了炫耀自己有欺负他人的能力，好像他们的侵略行为并非是什么坏事。美国著名的临床心理学家和精神分析学家玛丽·C.拉米亚（Mary C. Lamia）博士解释说，恶霸并不知道他们真正的感受。羞辱别人的行为就是他们隐藏在自己身上的东西，以逃避自己内心的真实感受，也无法消除自己根深蒂固的耻辱感。在美国《青少年安全》报道的采访中，拉米亚博士表示对现今智能手机和社交媒体的使用增加和父母与子女之间脱节感到深切的担忧，因为它们是密切关联的。这种脱节导致了耻辱的反应。她说："父母第一次忽略以前会去赞美的事情，对于这些孩子而言，当他们第一次做可爱的事情而得不到认可时，他们会感觉到自己的失败，因此感到耻辱。"（美国《青少年安全》，2015年3月12日）

欺凌者惯于挑衅权威（警察、校长、老师等）。许多欺凌者根本不服从权威领导，动不动就和老师、指导顾问甚至是父母发生争吵。有时候我们可以看到他们在上课时不听讲,和老师顶嘴,对其他人刻薄凶狠,表现恶劣。

第三章　如何识别孩子是否被欺凌？

如同没有人的脸上写着自己是坏人一样，也没有人的脸上会写着："我是受害者，我被欺负了！"

美国著名作家保罗·兰甘（Paul Langan）在《你需要了解的校园欺凌》一书中说："任何人都可能成为被欺凌的对象。今天可能是你的学校里转学来的新同学，明天没准就是你。许多攻击者从人群中挑出那些看起来多少与众不同或特别凸显的人，但是无论是积极的还是消极的特征，都会被攻击者注意到。如果你的分数特别高，你的口音像外地人，你的风格过于独特，你的头发太长或太短,你的身材过大或太小,都会成为欺凌者的目标。"
(Townsend Press, Inc,2011)

受害者通常有以下这些性格特征和倾向:

◆ 焦虑　◆ 低于平均水平的体形、力量或协调能力

◆ 显出沮丧或伤心　◆ 过度依靠成人

◆ 具有恐惧感　◆ 感觉无助

◆ 孤独少朋友　◆ 低自信

◆ 没有知名度　◆ 缺乏社会性技能

◆ 自我责备　◆ 社会脱离和不与人交往

◆ 过于温顺的

创办奥维尤斯预防欺凌项目组织的挪威研究者丹·奥维尤斯(Dan Olweus)教授确定出两种受害者类型:被动或屈从型的受害者,挑衅或侵略型的受害者。(John Wiley & Sons, 1993)

被动型的受害者的特点是谨小慎微、安静、非常敏感。他们会因为自己的性格或行为的缺陷自责。他们不会做任何刺激攻击发生的事情,也无法自我防御。实际上,他们并不愿意做出任何改变现状的努力。对于年幼受害者来说,这类受害者在被攻击的时候就是大哭、后退。被动型的受害者总是遭受被欺负的压力。有些被欺负的

人会感到羞耻或尴尬，他们试图隐藏自己被欺凌的事实。他们可能会冰封或逃离他们的问题。按照《和平者》的作者肯·桑德（Ken Sande）的说法就是"逃避式反应"。（Baker Books，2004）

属于逃避式反应的人更希望躲避不愉快的人或事，而非去化解不同。他们的行动包括：

◆闪开——他们逃离冲突。

◆否认——他们假装问题不存在。

◆自杀——他们失去解决纷争的希望，结束自己的生命。

挑衅型的受害者有非常强的自我保护意识。他们性格热情、精力充沛，被袭击时会尝试报复。在身处被欺凌的环境中，这类受害者从不去承担自己的责任，相反，他们把引发攻击的因素归结于外部条件。一旦他们发现难以改变或控制外部因素的时候，他们就抱怨"不公平、不合理"。他们觉得攻击者是在找碴儿或者是因为不喜欢他们，所以他们非常易发怒且试图报复。桑德指出了以下三种"攻击式反应"行为：（Baker Books，2004）

◆袭击——使用各种强制或恐吓手段战胜对手，比如包括造谣诽谤的言语攻击和报复。

◆诉讼——把对方告到法庭。

◆谋杀——在极端的情形下,这些人会亲手杀害他们的压迫者。

第四章　旁观者为何无动于衷？

谁是旁观者？

旁观者既非欺凌者也非受害者，他在欺凌事件发生的时候是在旁边观看或听闻着，却没有出面阻止的人。根据旁观者的回应方式，他们既可以解决欺凌问题，也可以加重欺凌的行为。旁观者并不像自己想的那样能做到中立。

被动旁观者是站在周围观看欺凌的证人，但不会参与或干预，也不会向有关管理部门报告此事。积极旁观者通过欢呼欺凌的行为或刺激欺凌者煽动欺凌。他们在旁边以语言的方式鼓励、嘲笑，或者发表评论，进一步刺激欺凌行为。在 2016 年 11 月 14 日，英国的《太阳报》报道了两位女生踢另一位女生的消息，其他学生也为此欢呼雀跃。整个事件都被拍摄，片段在学校迅速传播，直到被老师发现。结果，攻击者得到相应惩罚，被停学。（《太阳报》，2016 年 11 月 14 日）

不管旁观者是被动还是积极参与其中，但他们在场就足够给欺凌者无形的鼓励。同样的，他们的沉默接受也将使得恶霸继续伤害他人。

旁观者为何无动于衷？

见证欺凌对大多数年轻人来说可能是一个令人不安的经历。看起来欺凌问题跟他们无关紧要，事实上恐惧也许是最常见的原因。有些人可能会感到无能为力，而其他人则不知道该怎么做。还要面临同辈人的压力，如果自己暴露真相可能就会被排斥，甚至可能成为下一个目标。对于那些曾经受过欺凌的人来说，这种信念极其关键。从目前的报道来看，学校欺凌行为绝大部分都是在群体下进行的。比较少是一对一的欺凌行为。那些想被该团体接受或已经是该团体的一部分的人将屈服于同侪压力,并对此问题保持沉默。

作为教育顾问,我有幸到不同的学校进行课堂观察。在我近20年的教学经验中,我仍然看到缺乏经验的老师告诉孩子们不要多管闲事。例如,在蒙特梭利教室里,一个年幼的孩子不小心将一些豆子撒得满地都是。在正常的情况下,我们会看到一些小孩很自然地前来帮忙,但是未经训练的老师很可能就会"轰走"前来帮助的小孩,请他们离开,并说道:"这是莉莉的工作,除非她要求,我们不随意帮助她。"所以随着时间的推移,孩子们长大后就学会把个人感情和事件发生的关系相互分开,因为他们认为:"这不关我的事!"

在某些情况下,孩子们可能会举报欺凌的事件,不幸的是,没有成人理睬,也没有人采取行动给予帮助。有些成年人可能会鼓励孩子自己解决问题,使受到欺凌的孩子感到被冷漠。毫无疑问,孩子长大后就会觉得,"说出来是没有任何意义的,最终还是要我自己去面对"。约翰(化名),在S.S.小学(为保护孩子的身份,我们更改了校名)上学。约翰告诉他的母亲,他班上有位绰号叫"巨人"的女孩经常打他和其他同学。妈妈与班级老师联系,得知这名女生"因为不懂英文才会打人"的这种说法。老师没有向约翰和他的母亲保证不再有这种事情发生。一个多星期后,约翰回到家里说女孩打人的行为没有停下来。约翰的母亲打电话给校长,校长声称她不了解情况,并解释说,老师可能更愿意先自己尝试解决问题。又一个星期过去了。一天下午,当约翰的母亲从学校接他的时候,他告诉妈妈,老师对他说:"不要再告诉妈妈和爸爸'巨人'打人的事了,因为这会让我们心烦意乱的。"父母觉得老师忽视了欺凌行为,所以他们最终报警了。

另一种可能性就是因为他们不喜欢受害者,相信受害者应该受到应有的惩罚。无论我们是否承认,我们都会对他人做出某种判断,也不管我们是否了解他们。有时我们的评估是带有偏见的,在其他时候,我们可能会觉得受害者的行为惹人恼火或因为他傲慢的态度而遭遇欺凌。另外,如对欺凌行为的定义缺乏理解,可能会导致他人把这种行为视为"开玩笑"。

请允许我援引两位社会心理学家——比伯·拉特纳(Bibb Latane)及约翰·达利(John Darley)的实验,它被称为"旁观者效应"。其现象指的是当现场有一堆人观看的时候,没有人会挺身而出来帮助受害者,"个人没有感觉到自己要采取行动的压力,因为这个责任应当被所有在场的人一起共享"(Very Well,2017年7月5日)。换句话说,如果事件发生时只有少许人或没有其他见证人在,观察者更有可能采取行动阻止欺凌行为。实验还发现,"当旁观者都没有做出反应时,经常会被误解为不需要或不合适参与的信号"。经常引用的1964年发生在美国基蒂·吉诺维斯的谋杀案,一共有38名目击者,都没有对受害者提供任何援助,而认为这只是一对恋人之间的争吵,所以最好不要介入。因为这起谋杀案的发生,拉特纳和达利进行了一系列的调查研究,帮助人类了解到,在危机期间,当事情比较混乱,人们也正想知道具体发生了什么事的时候,他们将会等待看是否有人会做出什么反应,如果什么都没有发生,人们得到的信号就是也许没有必要采取行动。

不管人们不说话的原因是什么,有一点必须清楚:我们需要知道,每个人都应该受到尊重,没有人是应该被欺负的。除非这种思维方式得到改变,当别人被欺凌时,人们将会继续保持沉默。

第二篇　欺凌发生后,家长应该怎么做?

DIERPIAN

第一章　欺凌带给孩子的伤害

第二章　帮助有特殊需求的孩子

第三章　孩子被欺凌了怎么办?

第四章　怎样教会孩子自我保护?

第五章　帮助孩子摆脱校园欺凌的建议

第一章　欺凌带给孩子的伤害

经历欺凌的儿童有情绪退缩的倾向。那些本来就害羞、安静的儿童，一旦被欺凌会变得更加沉默，在与同伴交往中会存在障碍。受欺凌的影响，受害者会表现出身体、情绪、社会化方面的压抑或紧张。他们经常感到焦虑不安、疲倦、孤独、悲伤。有些儿童对自己失去信心，变得与社会隔绝，拒绝上学甚至到了退学的地步。在很小的时候就被欺凌的孩子会持续存在很低的自信度，甚至到了成年时期都会因此而抑郁，并产生与健康有关的其他问题。他们更容易出现：

- ◆腹痛　◆焦虑　◆尿床　◆学业成绩下降
- ◆抑郁　◆饮食失调症
- ◆对其他人感到警惕或怀疑　◆头疼
- ◆增加滥用药物的风险　◆孤独
- ◆惊慌失措　◆皮肤问题
- ◆睡眠问题　◆有自杀的念头或自杀

这些情绪问题可能会持续一生。而情绪问题远比身体上其他的问题对人的影响持续时间更长。被欺负过的孩子因为害怕被拒绝、被耻笑和惩罚，所以不敢把被欺凌的事情讲出来，更不敢主动寻求帮助。正如我们之前说的，有些被欺凌的孩子长期处于被嘲笑和被攻击的环境中，在达到承受的临界点时，他们则采取极端报复行为成为欺凌者。

欺凌的影响是非常有害和危险的，既能在当时就显出危害，又能持续多年。欺凌持续多年的影响包括以下方面：

饮食障碍。正如被欺凌后可能引起应激障碍与自杀想象，欺凌问题也可能与饮食障碍有关，特别是对于青春期的女生而言，这时候她们对身体形象意识比较敏感。大多数青少年都很在乎自己的外表，以及别人如何看待他们。当受害者因体重遭到他人的嘲笑时,他们经常会变得悲伤和羞愧,导致抑郁和低自尊的感觉。欺凌会影响一个人的自尊,从而使个体非常容易患上厌食症、贪食症或狂吃症等饮食障碍。

心理伤害。根据杜克大学医学中心的最新研究发现,被欺凌的儿童长大后存在比一般人高的焦虑障碍、抑郁和自杀倾向。1420名来自北卡罗利纳的9岁、11岁和13岁的儿童参加抽样,其中1270名被持续追踪到成年期。《每日科学》(Science Daily)报道:"那些受到欺凌的人,包括既是受害者又是欺凌者的人,他们相比较于没有被欺凌的人来说,有高风险的心理精神障碍。仅仅是受害者的年轻人群体,他们有较高水平的抑郁障碍、焦虑障碍和一般性焦虑症、恐慌症、恐旷症。"美国精神病与行为科学系的助理临床教授威廉姆·E.柯普兰(William E. Copeland)博士指出:"这样的心理危害并不会因为你长大了、不再受欺负了就消失了,这是一种始终跟着受害者的伤害。"(Science Daily, 2013年2月20日)这个观点得到了证实。伦敦国王学院对1958年出生的7771名儿童,从他们7岁开始一直追踪到50岁的研究发现:"童年期经常被欺负的孩子有高风险的抑郁和焦虑,他们在

50岁的时候生活质量比那些不被欺负的人的生活质量低下。"（BBC News，2014年4月18日）

以下是英国慈善机构"青年思维"（Young Minds）其中一位大使的一个真实故事。杰克·威尔逊（Jack Wilson）在学校经历过几个月的欺凌后被诊断患有创伤后应激障碍和抑郁症。（Place2Be, 2016年2月10日）幸运的是，他的妈妈为他提供了一个平台可以讲述自己的经历并寻求帮助。杰克反映："如果我早点知道那里可以寻求帮助，也许我的心理健康可能没有那么糟糕。也许我可以在问题出现之前得到关注和获得治疗。"作为一名年轻的积极分子和克服者，杰克建议受害者找一个自己可以信赖的人谈话，因为单靠一个人面对问题是非常艰难的。

精神疾病经历。沃里克大学最新的研究表明，童年时期经常处在欺凌中的孩子，无论他是欺凌者还是受害者，他在成人时期都存在着患有精神错乱的高风险。精神错乱的经历包括幻想症、偏执症等一系列的行为或想法，这样的压力会释放皮质醇，它可能改变发育中的大脑的激素。如果这些体验持续发生，就会对日常生活造成打压和破坏。心理医学研究发现，经历几年被欺凌的小学儿童（临床受害者）还有欺凌者自己，到18岁的时候，会比没有经历过欺凌的儿童，具有高出4.5倍的精神病风险。该大学的迪亚特·沃克（Dieter Wolke）教授解释说："我们希望能破解欺凌的神秘机制，儿童早期经历的欺凌会在一个人的一生中有长期的阴影，甚至会给心理与精神方面带来严重的后果。"（《心理医学》，2013）

欺凌自杀。这个新词儿是欺凌和自杀混搭在一起的说法，用以说明有些人把结束自己的生命作为被欺凌引发的结果。虽然被欺凌的儿童有一定的自杀风险，但是欺凌本身并不是唯一导致自杀的因素。很多成因都有可能导致自杀，比如抑郁、家庭问题、心理精神上的严重创伤等。一旦有这些经历或倾向的儿童没有得到家庭、同伴和学校的支持，情况就会更加糟糕。因为，遭受欺凌会让无助、无望的感受更加强烈。

2011年10月，一名13岁的日本男生由于被欺凌而自杀。在他死后不久，学校进行了一项有关欺凌的调查。60多名学生报告说他们曾经看到这名男生死前三周被欺凌。根据学生的反映，欺凌者经常强迫这个男生演练自杀，还模拟参加葬礼。（《今日日本》，2015年3月19日）

致命武器的攻击。 有些被欺凌的受害者会使用致命武器作为自我保护的工具，或者用于报复欺负他们的欺凌者，以及他们认为那些没有支持帮助他们的人。研究发现，"经历多种方式受害的青少年携带武器的可能性比未被欺负的人高 31 倍"（《科学日报》，2014 年 5 月 4 日）。

许多受害者需要接受很多年的治疗和改善方案，以便帮助他们走出欺凌所带来的严重心理阴影。

欺凌对欺凌者、旁观者和学校的影响

我们已经看到欺凌对受害者的影响，但对于欺凌者又是怎样呢？欺凌者很有可能成为帮派的成员，进行斗殴，盗窃财产，感到与学校没有任何关系，厌学而导致早期退学的现象。像受害者一样，"他们也面临着抑郁症、焦虑症和心理困扰的风险增加，特别是如果他们要面对的是非常严重的欺凌行为"（Very Well，2017 年 6 月 9 日）。童年开始欺负人的行为很可能持续到成年阶段。它不仅增加了未来违法的可能性，而且还使成年后家庭生活受到影响——他们往往长期存在人际关系问题，可能对他们的配偶和子女造成虐待。他们比那些非欺凌者

更难找到和维持工作。欺凌者更有可能培养出恶霸孩子，从而造成恶性循环。

旁观者可能会因为恐惧或内疚而不愿意上学。他们也可能会患有精神疾病，包括抑郁和焦虑等。

当欺凌行为不断持续，而学校不采取行动时，整个学校的氛围和文化都会受到不利影响。这对学生的学习和生活，工作人员的去留和家长对学校的满意度和信心都会产生影响。

第二章　帮助有特殊需求的孩子

在身体、智力、情绪、感官等方面发展有障碍的儿童，他们面临被欺凌的风险要高于正常儿童。像身体缺陷、社会技能方面的挑战、不宽容的环境，任何一种因素，都会增加他们的风险。研究还发现有些特殊儿童本身也会欺负他人。

这个术语"特殊需求"涵盖广泛，包括慢性病、学习障碍、行为问题、心理或身体发育迟缓、身体障碍、食物过敏等原因导致的各种需求。

慢性病。这包括严重的身体不健康状态，如肌营养不良症、脑瘫、心脏缺陷、糖尿病、侏儒症、哮喘等。患有慢性疾病的儿童可能需要定期服药和专门的设备来帮助他们应对生活。

学习障碍。学习障碍是基于神经学的问题,可能会干扰学习基本技能,如阅读、写作和数学。它们也可以干扰更高层次的技能,如组织、时间规划、抽象推理、长期或短期的记忆和关注。身体协调能力、行为和与他人互动的能力也可能受到影响。比较常见的学习障碍包括多动症、唐氏综合征、阅读障碍和运动障碍。

据财新频道上发表的文章介绍,中国教育科学院提供的数据显示,2015年中国残疾儿童人数约817万人(指0至14岁儿童),其中有53.5%的残疾儿童在公立学校就读。(财新频道,2016年9月21日)

研究表明,有特殊需求的儿童往往面临成为欺凌受害者的较高风险。他们可能无法清楚地表达正在发生的事情,而且他们甚至不太可能与任何人交流关于欺凌者的行为。通常,在成年人意识到事故发生之前,欺凌行为可能已经达到极限。成年人应帮助有特殊需求的儿童学习,发展和建立他们的社会地位。许多残疾儿童长大后,能过上富有成效的幸福生活。在家长、朋友和老师的帮助下，有特殊需求的儿童可以针对自己的情况，学习如何适应生活。这需要富有信心和远见的社会人士给他们帮助，使他们成为社会的高效成员。

托尼（化名）患有艾斯伯格综合征。他考虑问题的方式异于他人，对于社会交往等社会化技能有困难。他有一个比较紧密的朋友群体，和他一起上学，玩游戏，经常一起吃比萨。到了六年级，托尼的兴趣变了。他玩的游戏已经不一样了。原先的那个紧密小团体开始通过托尼现在玩的游戏来折磨他，想办法让他在游戏中出局、让他失败。他们给他起外号，用污言秽语骂他，偷走他的午餐，还传播有关他的谣言。托尼告诉了妈妈自己的处境，妈妈鼓励他再去结交新的朋友，于是他认识了贾丹（化名），只要那个小团伙欺负托尼，这位新朋友就会来营救他。

根据克利夫兰诊所的一篇文章，美国每13名儿童中就有一名食物过敏者，或每个教室大约就有两个学生对食物过敏。食物过敏，也称为食物超敏感性，是指身体对无害食物的异常反应，免疫系统不正确地将其识别为有害物质。因此，身体释放出大量的组胺和化学物质，并可能导致身体某些部位肿胀、腹泻和出现荨麻疹。在严重的情况下,过敏反应可能是危及生命的或致命的。

吉米(化名)不想上学。当他的妈妈追问时,他告诉妈妈,他的同学假装是一种使他产生过敏的食物,比如鸡蛋、花生或贝类鱼类。当他触摸到他们时,他们会假装咳嗽。有时候,他的同学会舔他的三明治,或把它扔掉,使他饿着肚子。他因为过敏而无法在学校吃饭。

有特殊需求的儿童的父母需要了解如何在孩子的生活中发现欺凌行为以及如何处理欺凌的问题,这是非常重要的。在下一章中,我们将尝试提供一些有关如何支持被欺负儿童的建议,并为有特殊需求的儿童提供额外的提示。

我想用布莱德·科恩(Brad Cohen)的真实成功故事结束本章。他的故事在2008年12月被拍成电影上演,这部电影就是《叫我第一名》。

布莱德总是弄出各种奇怪可笑的声音,而这种怪异的行为,更是让他从小不被周围的人理解,在学校里老师经常批评他,同学们更是对他冷嘲热讽。有一天,他的老师让他到教室前面向全班同学道歉并保证再不会发出怪声。他厌恶学校生活。只有他和母亲艾伦知道他是无法控制自己的。艾伦下决心要找到儿子的问题所在,她去找医生寻求帮助。艾伦走进图书馆,不断查找核对,终于在一本医学图书中确认儿子是妥瑞氏症。妥瑞氏症是一种神经内科疾病,患者会不由自主地发出声音和做出耸肩、摇头晃脑等动作。患有这种综合征的人可能会一遍又一遍地眨眼或发出清喉咙的声音,甚至会脱口说出他不打算说的话。

艾伦把布莱德带到一个支持小组。在这里,他被激发了一定要战胜这个疾病的信心。到了初中的时候,一次全校大会上,校长巧妙地让大家了解布莱德的真实情况,并且也让布莱德说了一些自己的想法,让大家了解他并不是故意作怪,之后,他对自己就比较有信心了。

后来,布莱德有了成为一名教师的坚定梦想,大学毕业还获得了许多学术奖学金。虽然他经历了24次面试失败,但布莱德从未放弃,终于得到了一所学校的聘用。1997年,他被授予年度最佳教师奖,后来成为讲话很有鼓动性的演讲人、学校校长、作者,并担任格鲁古业妥瑞氏症协会副会长。他获得了认可和奖励。(*Youtube*,2011)

很多人都知道人生道路上真实存在各种困难和挑战，但是无论是什么障碍，只要我们下定决心面对和克服，没有什么可以阻止我们追逐梦想的脚步。

第三章　孩子被欺凌了怎么办？

欺凌是目前学校和媒体关注度最高的话题。相比其他问题，欺凌可以说一直坐在热搜头把交椅上。需要提醒大家的是，我们在报道欺凌时要认真严谨，以免问题没有解决却导致一系列错误概念产生。有些时候，我们的文化会限制我们深入理解这个问题的真实本质，我们会觉得"这不是什么大不了的事儿"或"这是孩子成长中必然的现象，是成长的组成部分"，这些想法限制了我们认清欺凌的真相。允许每个儿童、家长、教育者了解更多的信息，是处理欺凌问题时比其他办法要更行之有效的方法。

学校可以设立一个融合教育项目，把那些有特殊需求的儿童纳入进来，甚至是从学校管理者到老师都包括进来，教会大家富有爱心和同情心地与那些特殊儿童交往。与此同时，这些特殊儿童的家长也能紧密地与学校、班级老师合作，并帮助其他学生理解他的孩子的敏感天性，做到和他和平相处。

给家长的贴士

我们的现实有的时候并不那么理想甚至会让人伤心，欺凌无论在什么环境中都会发生，而预防欺凌的措施不可能100%完全有效。家长不能奢望学校有能力完全阻止欺凌发生。面对欺凌要马上处理且态度坚决，家长必须扮演积极的角色。下面这些方法家长可以试试。

观察信号。即便儿童不说出欺凌，也要对欺凌的信号或迹象保持警觉。请接受儿童不情愿主动过来告诉你他正在被同伴欺凌这样的态度，并注意观察他们行为上的改变，比如超乎寻常的举止、尿床、过于黏人、以前喜欢去的地方开始拒绝并害怕去了、睡眠失常，所有这些都是不正常情况的信号。有的时候儿童因为害怕欺凌他的人发现他讲出实情,所以不敢告诉大人,这就会更加糟糕。有些儿童会担心家长不相信他们,或者告诉家长以后家长什么都不会做。请始终铭记当孩子和您谈论交流或告诉您这些事情的时候,就要表扬孩子他正在做正确的事情。

第一要务是理解。不要责备正在遭受欺凌的孩子,更不要过于迅速或匆忙地下结论。有可能欺凌行为是您的孩子的烦人行为而引起的。详细问孩子问题,并准备好进一步的调查。特殊儿童并不总是意识到他们被欺负。询问孩子具体特定的问题,包括他的交友,和朋友们一起做的有趣的事情或做过什么不好的伤人的事情。永远不能让孩子忽视任何一次欺凌,无论是否严重。

和班主任会面。主动联系班主任,和班主任讨论您观察到的情况和发现的问题。注意控制您的语言,不要变成指控责备他人,您的目的是赢得老师的合作,找到可行的解决办法,以减轻将来任何可能发生的紧张关系。有的时候,一次看起来不太严重的欺凌一旦遗留下来未被处理,这个欺凌就会迅速升级,加重程度。未被教育的欺凌者会以最快的速度突破限制,变本加厉。要确保老师在欺凌的问题上态度和您一致,对任何一个儿童遭受的身体伤害都是零容忍，更不要说有特殊需求的儿童了。在您做这条时，请先按照前面的"观察信号"和"第一要务是理解"去做，并记得给老师留有足够的时间调查了解情况，有的时候这样的时间可能超过一周。

随时监督。定期和孩子、学校的老师沟通和谈话，注意欺凌行为是否终止。您的目的是为了确保此事不再出现，各方保持一致的合作，把欺凌终止在学校内。可以采用打电话或个人拜访进行监督。

例行公事。孩子被欺凌了，家长感到不安难过，这是很正常的。如果欺凌发生在校园里或者是校外学校活动进行中的时候，首先和老师联系是最好的办法。如果有理由必须直接去找欺凌者的父母，我建议最好是在代表学校的领导或老师出面调和的情况下再这么做。一定要给予学校和老师充分参与和采取行动的机会。

支持。务必坚定地告诉您的孩子，这不是他的错误。这个世界没有任何一个孩子可以被其他人欺凌和侮辱。不要鼓励孩子打回去。这会让问题更加严重。鼓励孩子描述整个过程中有哪些人参与，发生的地点，怎么发生的。

帮助孩子交朋友。花费时间去了解和认识孩子学校中的同学和家长。如果您的孩子是有特殊需求的孩子，您需要了解并确定出哪些家长和同学会帮助、支持您的孩子。邀请这类家长和孩子和您的孩子一起玩儿，帮助他和这些孩子建立友谊。当孩子建立起对他们保持注意的朋友关系网络的时候，他们被欺凌和侮辱的机会会少很多。

探讨其他策略。家长可以帮助孩子在欺凌发生之前，学会怎么处理这类问题。建议孩子和朋友在一起，邀请朋友陪着一起去卫生间、走廊或课间休息区等。鼓励您的孩子在其他朋友需要的时候也这么陪伴他们。如果可以，我鼓励家长多参加学校的社团，做义工。

假如欺凌持续发生。如果老师对欺凌问题毫无作为，欺凌持续发生，把您的担忧和关注写信汇报给校长，和校长联系。如果这也无效，不用害怕，直接找学校的上一级主管部门，比如教育局。详细解释清楚发生的事情，提供您搜集到的具体证据，把您和学校的会谈和见面交流做好书面记录，请上一级主管部门迅速回应。

考虑接受专业咨询。欺凌能对任何人造成深刻的情绪伤害，尤其是对有特殊需求的儿童伤害更大。即便欺凌停止，父母仍然需要明白这绝不意味着您的孩子已经从这些情绪危害上复原了，他仍然可能处在危险的情绪状态中甚至会转变成为攻击者。他可能会产生被同伴拒绝的感觉，转而出现饮食障碍，甚至会采取不同程度的自残行为。和有专业背景的并有充分知识的人讨论这些令人困惑的情绪或表现，有助于您帮助孩子应对这些糟糕的经历。特别是家长对内疚、愤怒、伤害等这些被欺凌后带来的影响无能为力的时候，进行咨询也可以成为有效的途径。

重塑孩子的自信。欺凌会摧毁一个孩子的自信。被欺凌后如何重塑孩子的自信？请帮助孩子提高独立和建立人际关系的技能。鼓励他参加体育活动或其他他喜欢的活动，增加勇气和自信。注意您需要关注的是孩子的努力而非是只看结果。帮助孩子多和对他产生积极影响的朋友接触、交往和相处。在帮助或理解他的过程中，逐渐向孩子灌输这样的信念：欺凌不会一直这样发生下去，终有一天，那些最可怕的日子都会成为遥远的甚至模糊不清的记忆。

受害者有时候会变成欺凌者。他们被称为"欺负受害者"。因为他们往往觉得不安全，没有归属感，所以他们一般对自己的环境更为敏感。时刻保持警觉，注意观察有无信号表明您的被欺凌了的孩子是否会欺凌学校里其他比他小的、比他弱的学生。

给学校管理者和老师的贴士

教育者永远不能忽视欺凌。帮助受害者走出欺凌的折磨是至关重要的，因为这关系到他们在以后的学业上能否获得成功，在生活中能否过得幸福。因此，学校行政管理者和老师在预防欺凌、实施干预欺凌的具体策略上，扮演着至关重要的角色。在学校这个组织机构中，每个成员尤其是老师，都要首先检查和规范自己每天在教室的言行举止。教师会主导班级的气氛，因此如何执行自己对学生的要求，就实实在在地影响学生的行为。但如果没有事先接受过这方面的培训，教育者会一直觉得这个挑战太大。因为毕竟教育者尤其是老师不是专业的咨询师。教师的工作是教育，但他可以做到在班级中支持学生完成整个康复过程，并把这样的恢复进程融入每天的日常教学计划中。

立即采取行动。结束一个欺凌的最好途径是立即进行干预。站出来是需要勇气的，当一个受害者向您报告并坦白整个情况的时候，要保持专注，认真倾听。作为教师，您应调查具体发生了什么和试图了解家长的担忧。

要确保自己在处理欺凌事件的时候遵循学校的相关指南和要求，在计划安排和家长会面并修补欺凌影响之前应通知学校管理层。在和家长会面时，向家长、受害者保证您的目标是终止欺凌。

分开进行。永远不要把受害者和被指控攻击的欺凌者放在一起共同开会。欺凌不是冲突，而是一种虐待行为，是迫害。它是权力和力量上的不平衡，调解是没有作用的。把双方聚集在一起会让受害者面对比他强大的欺凌者时感到紧张和有压力。况且一旦您这么做，等于是让受害者再被欺负一次。曝光欺凌是需要坚定的信念和信心的，要把欺凌者和受害者分开单独会谈，始终铭记受害者的安全保障。

为受害者找到指导者或一个密友。在欺凌干预中，友谊关系是非常重要的因素。一个身体强壮的体育运动员是帮助受害者的不错人选。倘若您可以帮助受害者拥有一个指导者，或者帮他找到一个密友，他们两个会一起做事情，这就能阻止以后的欺凌发生。此外，这样的新友谊可以帮助受害儿童建立自尊和提高复原能力。对受害者来说，极其重要的一点是，要让他们知道学校里有人真的在意他们关心他们。通过支持受害者，您就同时鼓励了其他人走上前去不再旁观,而且这会阻止欺凌者进一步的攻击行为。

会见家长。假如欺凌发生在家长意识到之前,那么请使用上面的"立即采取行动"和"分开进行"两个步骤。安排和受害者的家长见面,和他们讨论发生的欺凌事件,让他们明晰学校计划采取的干预行动,以确保这样的欺凌事件不再发生。请做好面对有激烈情绪反应的家长的准备。对家长来说,直面自己的孩子是欺凌的受害者是很艰难的过程。要让家长相信,您和学校管理层会同样与欺凌者的家长开会讨论这个事情。不用讨论太多具体的细节。很多家长都难以接受。因此,做好准备面对家长的反对和抗议,始终保持平静和理解的态度。尽量将会谈的中心集中在学校为支持他的孩子将采取的计划上,而不要过多谈论学校会如何加强规范或惩罚欺凌者的说法。请主动安排再次的会面,让家长们相信他们并没有在第一次会面后就被遗忘,学校一直对此事件保持关注,并向他们通报进展。因为不清楚事情的进展会增加受害者和父母的不安和担心。

在课堂开放讨论。越保密就越会滋生欺凌。当您为班级的学生提供一个安全的平台讨论欺凌事件的时候,它能帮助学生理解欺凌是一种完全不能被接受的行为。在您的教室里整合嵌入有关强调令人尊重的行为的课程，并想办法把它和语文、社会科学或阅读等课紧密联系在一起。让班里的同学说出他们对欺凌行为的感受，鼓励他们提供预防欺凌的方法和建议。要确保在整个班级公开对欺凌行为的严格禁止和否定。积极创建一个班级文化，让那些汇报欺凌事件的同学处在安全的环境中，从而打破保持沉默的氛围。

情况监督。永远不要认为学校出面干预了欺凌就会停止。对有些学生来说，在他们改变欺凌行为之前，他们需要多重干预，甚至他们所造成的后果还在不断增加。而可悲的是，对一部分学生来说，欺凌就是一种为他们效力的工具，他们根本不会选择改变！正是出于这个原因，您需要和受害者保持联系，随时关注并了解他们的情况进展。要让您的学生看到，您出现在所有欺凌集中发生的热点场所：卫生间、走廊通道、食堂、学校车站附近等等。

发起反欺凌宣传。要保证您的学校制定有效的反欺凌政策。您可以通过家委会、教师委员会、记者招待会、新闻公告栏和社交媒体的宣传，来提高全校的反欺凌意识。鼓励家长支持学校的规章制度，让他们积极参加到学校干预欺凌的方案和行动中来。

儿童不会自己为自己发出声音。我们必须成为孩子的辩护者！

第四章　怎样教会孩子自我保护?

　　不论是家长还是教育工作者,没有人愿意看到一个学生在被欺凌的时候毫无防御能力。在您的眼皮底下,教导学生在欺凌发生前做到自我保护。告诉他们远离欺凌高发地点,如何做到保证自己的安全,在面对欺凌时如何挺身而出。

　　大多数人一想到自我保护首先就会想到要打回去。自我保护的主要内容和打人、反击回去基本无关。自我保护包括对您周围的环境保持警惕性,倾听您的直觉,在问题变糟前离开现场,使用充满自信的声音,让自己表现得非常自信。鼓励孩子们参加自卫防身术训练班，学会遇到被人控制的时候怎么脱身，比如挡住对方的拳头，被抓住时如何揭开对方的手，面对群体攻击时如何做。

以下是儿童面临欺凌时可以使用的一些策略。

要表现出自信、警觉、清醒和平静。自信是抵挡欺凌的保护屏障。确保您的孩子具有健康的自信，教会他以积极的体态行事，挺胸抬头，步履坚定，和人交流时眼睛看着对方，表情保持平和。为孩子展示被动、侵略性、攻击性和武断的身体语言、声音语调及常使用的词语，让孩子看到攻击和防御的区别。如果一个孩子不自信，提醒他走路的时候要挺胸抬头。和孩子一起演练这些技巧，不断给他们鼓励、表扬和肯定。

使用坚定和清楚的声音。使用充满信心和果断的声音可以把所面临的处境的情况散布开去。许多时候攻击者都是寻找容易被欺凌的对象作为目标。一个坚强有力、自信的声音有时会吓退欺凌者。让您的孩子练习果断说话，使声音强有力，在面对复杂和危险情况时，这些能自然而然就表现出来。

成群结队。务必让孩子明白和团队在一起是最好的，尤其是在欺凌高发的热点区域更要和团队在一起。假如您的孩子没有一个小团体的朋友,那么,帮助他发展结交一些朋友。友谊是防范欺凌的一个保护因素。就算他只有一个紧密要好的朋友,这也能陪伴他抵御欺凌的发生。

依靠直觉做出判断。现在这个时代,愈来愈多的儿童沉溺于手机,他们对周围环境缺乏注意。教导孩子对他们周围的环境保持警觉和敏感关注:有没有一个看起来就粗鲁的男孩小团伙藏在附近的角落。远离不安全的危险环境是让孩子躲开危险的明智有效选择。提醒他们要相信自己的直觉,一个人天生的直觉是可以判断周围情况是否变得很糟糕的。需要向孩子强调赶紧躲开并远离危险的环境不是懦夫的表现。相反,这是在危险发生前做出离开的决定从而保护自己的勇敢表现。

留意出口。有时孩子的处境让他们无法立刻走开或躲开,因为他们的路被挡住了,或者他们觉得跑不掉。在这种情形下,告诉他们始终用自己的眼睛寻找出口,直到机会出现,寻找一个空隙时间,赶紧跑。和前面一样,一定让孩子知道跑掉不是胆小的表现,这是勇敢和果断的选择。

吸引注意。遇到危险时保持安静永远是不明智的。

让孩子铭记遇到危险时可以大喊甚至是呼叫。这可以引来周围人的注意,让欺凌者感到害怕。

对叫外号或者其他保持情绪稳定。教导孩子在受侮辱时学会让情绪稳定不做出反应,教会孩子掌控自己的情绪,这也是一种自我保护。无论他们内心感受如何,教导他们保持平静和使用积极的自我鼓励。

使用积极的语言争取被接纳。与行为无关的被孤立,都是被欺凌的行为。教导孩子学会到一个团队里,使用温和、果断的语言寻求加入到这个团队中,不要害怕胆怯,更不能哼哼唧唧或带有攻击行为。有时拒绝、排斥一个孩子,可能是因为:他之前撒谎、表现不好或者这个团队的人数已经够多的了。教导孩子使用积极的、真诚的表达方式做出交流:"我之前不大理解你们的规则,这次我保证和你们一起遵循相同的要求。""如果给我机会练习我会做得更好。""再加我一个也不算多呀!"

切记,反复实践能让孩子越来越棒!孩子练习这些技能的机会越多,他们越可以在真实的生活中行之有效地应用这些技能,安全地保护好自己。

第五章　帮助孩子摆脱校园欺凌的建议

　　我们不应该让孩子他们自己来应对校园的恶霸。告诉孩子"别理他就行了"并不能让问题得到解决。有时，家长和朋友们会意味深长地说欺凌者"他只是嫉妒罢了"，但这同样不是一种好的建议。我们需要清楚的是，欺凌者与受害者的关系是建立在权力与控制的基础上的，欺凌者比受害者更强大。任何让孩子"打回去"的建议往往意味着一场败仗，事实上这只会让情况更加糟糕。

　　以下是一些能帮助孩子摆脱校园欺凌的建议：

　　理解欺凌的原因。人们出于许多原因对他人施行欺凌。我们已经了解到，有些欺凌别人的人在自己的成长过程中也有过被欺凌的经历。其他原因包括嫉妒与不安。有些人仅仅因为有趣而戏弄他人，并没有注意到他们的行为伤害了别人。然而有些欺凌者则不同，他们担心如果不这么做，他们的同伴可能不会接受他们，因此他们这么做是出于恐惧。如果您的孩子曾被欺凌过，请帮助孩子明白这不是他的错，他也不需要自责。

不要将孩子视作问题来源。孩子遭受欺凌并不是因为他们的性别、种族、外表、残疾或其他特殊因素，真正原因是欺凌者对待那些因素的态度。唯一能改变的就是态度。问题出自那个对您的孩子实施欺凌的人，而不是您的孩子。

鼓励孩子说出来。有时，那些欺凌别人的人可能确实没有意识到他们的所作所为确确实实地影响到了他们周围的人。同样，他们可能也在独自忍受一段痛苦的时光，因此他们也无法明白受害者的感受。请琢磨一下，点破对方正在欺凌您的孩子这件事，会不会让您或其他人立即身处危险或伤害之中。当然，有时向欺凌者说出真实想法可能非常有效。欺凌发生后，如何鼓励孩子说出来？鼓励您的孩子做好心理准备，首先是回避集体里的其他人，单独跟欺凌者谈话，否则他可能会因为社会压力而不得不以特定的行为模式继续欺负您的孩子。您可以建议他们在一个公共的场合碰面，比如麦当劳餐厅或公园——周围有其他人的话，会让孩子感觉安全点。先与孩子练习用正常而冷静的语气说话，这更能显得他有力量控制住场面。鼓励您的孩子倾听对方讲话的同时，尽可能控制自己的情绪，不着急回应。因为人本来就喜欢被倾听的感觉。向您的孩子解释，说出来的目的不是为了斥责对方，而是要解决问题，结束这种处境。且确保您的孩子明白，他必须专注于与欺凌者会面之前，要与欺凌者进行沟通的核心问题，并在会见对方之前演练好。在单独见欺凌者之前还有一些安全事项要注意，首先要探讨的是：针对这个欺凌者的情况，是否有与其见面的必要。其次，家长是否有必要尾随，以确保孩子的安全。

您可以事先与孩子进行一个角色扮演，直到您的孩子感到自信。开始谈话前可以采用以下几种方法：

"你好！近期还好吗？"

"谢谢你今天出来和我会面。"

"我希望和你单独谈谈，因为我觉得我们之间的关系很紧张,而我希望我们能一起解决好这件事。"

"你能让我知道我可能做了什么惹你生气了吗?"

记住,务必提醒孩子即使场面变得火药味十足,也绝对不要忘了他的最终目标。千万不要告诉您的孩子以指责控告作为开始,说自己非常愤怒或沮丧,而是鼓励您的孩子告诉欺凌者他的感受——悲伤、困惑,这些是一些安全的说法。我们对"欺凌"都有着不同的定义,如果孩子直接称对方为"欺凌者",那么很可能会激起他的防御心态。

我们可以对孩子表示同理心,说明您也明白跟一个把自己的生活变得像人间地狱的人讲话真的很可怕,但更可怕的是孩子选择忽视这个问题,让自己在接下来很长的一段时间里继续感觉很糟糕。事情解决后,孩子可能会惊讶于他与对方竟然可以有这么多新认识,以及他们有比自己想象的更多的共同点。

不要沉默,更不能忍受。 45%左右的经历过被欺凌的人无法将其描述出来,因为他们感到窘迫、害怕,或是对自己的社会支持系统不够信任。想要在合适的渠道下把这件事说出来,可以跟孩子探讨一下是否可以先告诉老师、辅导员、调停者(最好是个成年人)或直接找家长谈心。这么做的目的是为了让这种情况得到早期的干预和建议。请帮助孩子明白如果他选择隔离自己,事情可能会变得更糟,即使他不想把这件事报告出来,他也最好去找个人说说这件事,并且不要觉得自己非得一个人撑过这件事。告诉孩子不要将自己孤立。将自己从任何类型的社会支持系统中抽离真的无法解决问题。堵住自己的嘴巴只会让情况变得更糟,并且降低他的自尊。通常被欺凌的人将自己视作受害者,因此很重要的一点是看开点,不要让校园欺凌改变对自己的定义。

处理好压力。当您的孩子正处于一个充满压力的情境中时,如果他把自己完全孤立,他将难以客观处理这种情况。压力会绕过他的思维,穿成一条成为"负面情绪"的无法挣脱的铁链。告诉孩子当他感到有压力的时候,他可以找一个亲密的朋友或可信任的人聊聊天。甚至您也可以帮助他做一个叫"压力重编"的简单运动,这个运动会帮助孩子用不同的视角看待压力,并且想出一条前进之路。(具体方法会在下面介绍)

管理好孩子的健康。好好吃饭,多多锻炼,这在生理和心理上都能让孩子更加健康,并且减少压力。而压力一旦减少,他就能更清楚地看待这一切,打破这艰难的处境,更好地解决问题。

鼓励孩子找到一个榜样人物。了解榜样人物经历了些什么,从而让自己明白,许多人都曾像他现在这样被欺凌过,但最终都解决并克服它了。这里有一些著名的人物,他们年轻时曾遭遇过欺凌。在这里与大家分享,希望您的孩子可以从中获得力量,找到动力改变自己的未来。

◆迈克尔·菲尔普斯(Michael Phelps),奥运历史上获得奖牌及金牌最多的奥林匹克运动员也曾因为他的大耳朵、口齿不清和一双长臂而遭人欺负。他被诊断患有多动症,服药 2 年。 他的教练赞扬菲尔普斯的决心:"他以失败为动力,让失败和挑衅,成为他变得更加努力、游得更好的动机。"(英国《每日记录》,2012)

◆成龙,香港最著名的武术演员,年纪较小时被欺负。他不是一个勇敢的男孩,不敢自卫,这使他成为北京戏剧学院里一个容易被欺负的目标。成龙忍受了多年痛苦,直到有一天他为新生而站起来,在这个过程中,他学会了维护自己。(新西兰 Stuff Nation, 2010)

◆奥斯卡奖获奖女演员桑德拉·布洛克(Sandra Bullock)小时候会和她的母亲一起去欧洲,所以她的穿着与同学很不一样，因为她受到了欧洲国家时兴式样打扮的影响。她上学的时候，因不同寻常的打扮而显得突出，相比同学那种较"酷"的打扮非常不一样，所以经常被欺负。（英国 *Metro*，2010）

◆ 詹妮弗·劳伦斯（Jennifer Lawrence）因为在《饥饿游戏》这部电影中的角色而闻名。她在小学的时候曾遭遇一些女孩欺负，她几次转校。在中学，劳伦斯帮助一个女孩分发生日邀请，但她却没有被邀请。她认为自己能有今天也是因为曾经被欺负而使她更加坚强。（《赫芬顿邮报》，2013）

专注于孩子的长处。对于孩子来说，他们会更喜欢参加自己能享受其中的活动，而这些活动一般都是能让他们展现出自己最好的一面的活动。家长们可能会认为选择一些孩子有待提高的项目能帮助他们弥补不足，殊不知实际上这种经历是非常消极的，只会增强孩子的挫败感。校外活动应该是积极的，令人享受的，并且能给孩子成功的体验，而非失败的教训。

选择小组或个人活动。以个人的或规模较小的小组形式进行的活动会让您的孩子更有自信，也更有意愿去持续参加这个活动。在这种形式中，竞争和比较被弱化了，因此您的孩子只需要做最好的自己,并且不需要担心其他人做得怎样,也不必被评价标准所左右。

鼓励特殊的兴趣爱好。拥有一项特殊的兴趣爱好能让您的孩子在那个特定的领域积累许多技能与知识。同样,这也能让他更自信,并交到有相同兴趣的朋友。

强化努力。有些家长会通过批评与谴责("你怎么这么差""怎么可以半途而废")来逼迫他们的孩子参与某些活动或体育项目,并期望他们能有所进步。这样的举动可能反而会使他们的自尊和自信受到损害。实际上,对于他们的努力不断鼓励才能帮助他们。每当他取得一点小进步,就进行鼓励与支持,最后您会惊讶于他的巨大进步。如果您的孩子选择了一项他实在无法跟上的活动,并且努力总是徒劳,那应该允许他放弃。最后,不要忘了表扬他的努力,以及强调他已取得的哪怕微不足道的成就。

给特殊儿童的特殊建议

作为特殊儿童的家长,如果我们并不打算将孩子送进特殊学校,那么我们有责任去引导、指正学校对我们的孩子的教育,并提出有关的建议。我们必须拥有尽可能多的相关知识,这样才能和学校管理者和教师有效合作,因为他们常常缺乏足够的资源和对特殊儿童的专业训练。请您也做好心理准备,不要期望孩子能完成和其他孩子一样的挑战和发展目标。对于这些特殊教育的门外汉,制订合理的目标不是一个简单的任务,而更糟糕的则是不假思索就接收孩子进学校。有特殊教育需求的孩子需要更多的特定的互动。记住这一点,家长必须将参加个别化教育计划提上日程,让自己获得更多有关我们孩子的需要的知识和信息。我们需要了解教师对我们孩子的教学目标,确保它适合我们孩子的需要。

压力重编运动

畅销书《A博士的健康习惯》的作者韦恩·安德森(Wayne Andersen)博士提醒道:"在一个长时间的持续的高焦虑状态下,我们身体的每个关键功能都会受影响:从循环系统到消化系统,乃至睡眠模式。如果在足够长的时间内都没有得到改善,压力甚至可能会让你的健康受到重大威胁。"

这里有一些方法能让您和孩子一起减轻压力,并提高应付压力的技能：

找到乐趣。俗话说，"只工作，不玩耍，聪明的男孩也变傻了"。跟家人一起做些好玩的事对巩固亲密关系有巨大作用。尝试一起在家做饭、登山、去公园野餐、钓鱼。您需要腾出时间来安排和家人一起玩耍，就像您在公司里要安排会议一样。两者都是您的责任，并且应被视作同样重要的事情。

呼吸训练。练习如何通过鼻子"均匀呼吸"，即分四下吸气，再分四下呼气。这给呼吸带来了一种自然的阻力，它能让紧张的身体冷静下来，集中注意力，并减小压力。同时记住，尽量每次呼吸分成更多下来进行。

列出问题及解决方法。请孩子列出那些困扰他的问题，一一查看它们中的每个，并对每个问题都列出至少三个能解决问题的切实可行的方法。鼓励孩子发挥想象力，并且不要总是否定掉自己想出的解决方法来打击自己。最重要的事是去尝试它们，如果不奏效的话再想想自己能力范围内还有什么其他可行的办法。例如，如果要解决欺凌，他可以：

a) 向愿意伸出援手的成人，或是班上的朋友求助。

b) 最小化看到欺凌时的反应。在做什么之前，先在脑中默数5下，或进行一次深呼吸。

c) 进行自我检查，确认自我并没有做什么致使欺凌者待自己以如此态度的事。之后，家长鼓励孩子真诚而温柔地问对方："我做了什么，使得你这样对待我？"如果欺凌者确实说出了什么证明您的孩子做得不对的事，就教导孩子诚心诚意地向对方道歉。

一旦您的孩子尝试了这些技术中的几个，评价一下现在他对于解决压力有何把握。如果他依然感到不开心，那就尝试另一种方法。我们的最终目标是找到一个能让孩子克服压力的策略。

第三篇　欺凌者其实也是受害者

第一章　当欺凌者长大后

第二章　帮欺凌者交朋友

第三章　欺凌者家长何时应寻求专家帮助？

第一章　当欺凌者长大后

如前文所述，并非只有校园欺凌的受害者会在将来的生活中面对糟糕的结果。欺凌别人的行为并不会随着施害者的成长就神奇地自己消失，这使得欺凌者成年后依然要承受各种各样的消极后果。根据一些研究，这些消极后果包括：

◆更糟糕的心理社会功能；（Nansel, 2001）

◆更有可能吸毒或酗酒，或形成某种形式的物质依赖；（Nansel, 2001）

◆很有可能在成年后施加家庭暴力或虐待儿童；

（Falb KL et al, 2011）

◆更高的犯罪概率，60%的欺凌者在24岁左右有至少一条犯罪记录，接近40%的人有3条或更多；（美国国家预防犯罪委员会）

◆成年后参与反社会行为；（密歇根州立大学，2012）

◆由于这种破坏性的社会交往模式，更有可能成为暴力的成年人，他们挑起争夺主义的可能性是没有参与过欺凌的人的6倍，拥有骚扰行为的可能性是没有参与过欺凌人的3倍，而且发生品行障碍更有可能是没有参与过欺凌人的11倍；（密歇根州立大学，2012）

◆那些由受害者变成欺凌者的人可能会一生都怀着罪恶感、羞耻感度过，一直都无法原谅自己。（《今日心理学》，2013）

一篇发表在《心理科学》上的研究表明最消极的结果往往发生在那些当过校园欺凌的受害人，也当过施害者的人身上。那些我们一般称为"校园欺凌受害者"的孩子在成年后患上大病、养成抽烟习惯、罹患心理疾病的概率是其他孩子的6倍。他们要长时间保持一份工作会有常人两倍以上的困难。（美国心理科学协会，

2013）

在2013年，英国广播公司新闻频道（BBC News）引用了《心理科学》同样的研究报道，当受害者转为欺凌他人的人，在他们25岁左右的时候，他们更有可能体重超重、辍学、不断跳槽，并且很难交到一些朋友。那些欺凌过别人的人，更有可能卷入一段暴力关系或做出危险且非法的行为。他们的行为很可能会毁了自己，并对周围的人和社会造成威胁。华威大学的迪尔特·沃尔克（Dieter Wolke）教授说过："我们不能再继续将校园欺凌视作无害而几乎不可避免的了，更不能把它看作成长的一部分。我们需要纠正这种心态，并认识到它无论对于个人或整个国家都是一个严重的问题：它的影响是持久而显著的。"

以上各种研究证明，我们必须记住，今天的年轻的欺凌者可能成为明天需要帮助的成年人。因此，我们必须尽快行动起来！

第二章　帮欺凌者交朋友

作为家长,当听说自己的孩子有意给其他孩子造成痛苦与羞辱时,您可能会感到震惊。当听说您的孩子举止不当时,请保持冷静,不要想着去责怪孩子。

在教导孩子如何交朋友的过程中,家长扮演着重要的角色。在接受与承认您的孩子的行为之后,请立即行动。您可以帮助您的孩子学习处理自己的情绪、同辈压力和与他人的冲突的新办法。这里有一些小建议:

帮助您的孩子适应学校。人们生来需要成为群体中的一员,这对生存至关重要。即使成年人也时不时地有这种感受。确保您的孩子的行为不是由于一些心理障碍，例如多动症。那些缺乏社会技能的孩子更容易欺凌他人。和班里的老师交流，他们有可能为您的孩子制订个别化教育计划，来帮助您有特殊需求的孩子处理他的行为问题。

教会他们共情、同情与尊重。对他人进行校园欺凌的孩子往往没有意识到其他人的感受。让您的孩子想象一下被欺凌是一种怎样的体验。让您的孩子明白，嘲笑诸如种族、宗教信仰、外貌、特殊需求、性别或经济条件等个体差异是不对的。努力教会孩子共情，帮助他了解语言与行为的力量。让您的孩子在角色扮演中扮演被欺凌的一方，这可以让他明白为什么他的行为必须改正。记住，当您的孩子表现出了对他人的同情，或在行为上有所改变时，不要忘了给予表扬。

提供社会技能训练。让孩子了解到，如何交朋友也是一项技能。这些包括，如何开始一场对话，知道何时何地该说何事，如何解释言语和非言语线索，以及哪些事情适合和朋友分享而哪些不适合。在教授孩子社会技能时，应做到清楚明确。如果您希望教您的孩子如何开始一场对话，我建议您的孩子可以先问对方喜欢做什么以及为什么，对方的家庭情况，养了什么宠物以及最喜欢的体育运动,等等。一旦您的孩子发现自己与另一个人有共同爱好,他将会顺利地建立起友谊。

做个好榜样。欺凌是一种习得的行为。我们应建立一个家人之间不相互贬低的、充满尊重的家庭环境。不要在家里说他人的闲话,或者说一些粗鲁的故事。多多说一些别人的优点,而非缺点。为孩子树立一个非暴力行为的榜样。当您自己的生活中遇到了一些冲突的时候,请大胆向孩子展现您的受挫感,并接着示范您是如何处理您的情绪的,比如找个安静的地方让自己冷静下来。

帮助您的孩子选择其他可行的策略。欺凌不一定总是会持续下去,孩子们可以改变它。教会您的孩子如何解决未来可能遇到的和同辈的冲突。告诉孩子,他可以向那些他伤害过的人道歉。要让您的孩子知道:伤害他人的行为正反映了加害者本身的品格。

教会他接受自己,提高自尊。自尊指的是我们对自我价值的看法;而自我接受则是无条件的,它帮助我们接受自己的任何方面,包括我们的弱点、不足。或许您的孩子认为自己不像某个其他孩子那样优秀、聪明、吸引人以及受欢迎。帮助您的孩子明白他是独一无二、不可替代的。

让您的孩子明白，无论在何种情况下，欺凌他人都是不对的，并且您不会容忍这种事情发生。要让他知道，无论是在学校、家里还是社区，欺凌他人的人就得被惩罚。进一步讲，要告诉他如果欺凌行为继续下去具体会发生怎样的后果。试着去找一个与欺凌本身相对应的、有意义的措施，比如失去某些权利。在制订措施的时候，可以让孩子参与进来共同协商，让这种约定真的能影响行为。例如，如果您的孩子通过电子邮件、短信或社交网络欺凌其他孩子，可以暂时没收他的手机或不让他用电脑。请记得要现实。但要做好心理准备，改变的发生需要一定时间。在您的孩子学习处理情绪与冲突的新方法时，一定要有耐心，他能时刻感受到您的爱与支持。

第三章 欺凌者家长何时应寻求专家帮助？

我们在日常生活中通常会有一些习惯。有些是好习惯，比如晚上睡觉之前刷牙，它能让我们保持口腔健康；有些则不那么好，比如在看电视的时候吃太多零食。因为我们总将习惯看作一系列有用或有害的行为，我们往往努力去养成好习惯，改掉坏习惯。

家长可以学习一些有效的教育手段来减少孩子的欺凌行为，但有时候家长们很难独立完成。对于家长来说，知道什么时候应当寻求专家的帮助是一件很重要的事，因为当您尝试了所有方法，却发现希望的曙光仍在这黑暗隧道的遥不可及的另一端时，往往已经太晚了。那么，有哪些线索可能暗示着寻求专家的帮助是必要的呢？

常常被学校请去的家长。偶尔被叫一次是正常的，但是如果您在一两个月接到了大量来自校方的关于您的孩子欺凌他人的投诉，那就需要注意了。

学校没有一套反校园欺凌程序。如果您发现您的孩子欺凌他人，但是学校并没有针对校园欺凌的应对措施或没有对欺凌提出一个综合的解决方案，那您应该考虑寻求校外的专家的帮助。组织家长一起探讨并与学校交涉反校园欺凌。但是，在反欺凌方案切实落实之前，寻求专家帮助仍是您能为您的孩子做的最好的选择。

家庭教育技术不起作用。或许您之前已经参加了一些家长训练课程去学习更好的教育孩子的方法和获得一些特定的帮助。而现在，您正试着去做一个能有效教育孩子的家长，但这一切似乎不起作用。这并不意味着您哪里做得不对，也不意味着这是您的失败。您需要的只是更直接指向目标的咨询或对您的孩子进行特定的行为干预。

行为上毫无改变。如果您已经坚持不懈，但您的孩子仍对自己做的事毫无懊悔之情，那么行为问题背后可能有一些更严重的原因，比如自闭症或其他健康问题。这时请一定要让您的孩子接受一次医学专家或心理学家的专业评估。

快要控制不住自己。您应该知道这意味着什么：大喊，尖叫，恶毒的言语，再也无法忍受的感觉，并且很想打自己的孩子一巴掌。或者您对您的孩子进行体罚的次数比您本想要的更多。很多时候您的压力大到了您之前未曾想象过的程度。您要清楚，这个世界上并不存在能够永远不犯错的完美家长。请承认自己不是完美的，人非圣贤孰能无过，您也会犯错误的。去寻求帮助吧！

已经惊扰到了警方。很明显，这已经说明了您的孩子已经失去了控制，并且校园欺凌也到了犯罪行为的程度。下结论说孩子的犯罪是不合格的父母所导致的可能符合某些理论，但这并不能帮我们完全了解迫害他人的孩子的内心想法。我们需要搞清楚孩子到底为什么会做出那样的事。

心理治疗能帮助我们的孩子培养问题解决能力以及了解向他人求助的意义。一般情况下，您的孩子可能会抗拒公开承认自己的欺凌行为。而在心理治疗中，开始的对话聚焦于帮助欺凌者理解他的行为会对他人造成怎样的伤害，探索他欺凌他人的原因，学习新的与他人积极交流的技能，以及说出那些助长了他的欺凌行为的经历。通常来说，欺凌他人的孩子都有一些尚未愈合的心理创伤，而这些创伤促进了他的欺凌行为。而与一位心理学家分享这些心理创伤可以帮助他朝着终止欺凌行为迈出巨大的一步。

第四篇　面对欺凌，学校应该怎么做？

DISIPIAN

第一章　校园欺凌是怎么产生的？

第二章　男生校园欺凌和女生校园欺凌

第三章　欺凌后，如何处理家长和学校之间的关系

第四章　如何与受害者/欺凌者的家庭交流

第五章　如何处理受害者与欺凌者家庭之间的争端

第一章　校园欺凌是怎么产生的？

　　由于我丈夫的工作调动，我们搬到了中国，并于 1999 年至 2008 年期间在湖南居住。我在那儿最喜欢做的事情之一就是偶尔去那些个体经营的小杂货商店里逛一逛。

　　有一次，我看到一个小男孩，估计不到两岁半，熟练地爬到一辆停在他父亲商店外的摩托车上。他"开"着爸爸的车，玩得正开心，但是突然，一个熟客过来把男孩的头抓住并保持在自己一臂长的距离外，向后推使这个男孩不能抓到眼前的车把手。这个孩子试图推开这个男人的手,但并不成功,于是大声呼喊让他的父亲来帮忙。店主嘴里叼着一根烟,走过来"打"那个客人,说:"小子,狠狠揍他,像我这样——就像这样!"他一边"指导"他的儿子,一边开玩笑地亲身示范怎么"打"那个男人。这样的"游戏"持续了几分钟,直到小男孩因无法摆脱这种"欺凌"而失声大哭。店主和熟客忍俊不禁,哈哈大笑,最后熟客松开了手。小男孩满脸泪水,慢慢地爬下摩托车,朝着商店走去。当经过他的爸爸时,这位父亲打了一下他的头,责怪道:"你这个废物,男孩是为战斗而生的,不要哭哭啼啼的。真给我丢脸!"

包溙(化名)在一所公立小学读一年级。他入学几个月后的一个下午,他的母亲突然造访,令我颇感意外。包溙的校长刚刚给她打了个电话,说孩子在午餐的时候跟人打架了:他用力推了他的一个同学,以至那个同学倒在桌上,上唇被割破了,鼻子流血不止。在仔细询问之下,我了解到学校里有几个男孩一直抢包溙餐盘里的食物。最开始,包溙没有告诉他的父母,但是他的妈妈注意到他在放学后总是饿着肚子。在一番追问后,包溙才告诉他的妈妈这起校园欺凌的真相。爸爸妈妈讨论了一下,最后一致认为如果下次再发生这种事,包溙应该还手打回去。

凯旋（化名）和李敏（化名）正在游乐场的沙坑玩，他们的妈妈在一旁的长椅上坐着。突然，凯旋咬住了李敏的上臂。李敏震惊而痛苦地发出尖叫，开始哭泣。两位妈妈赶紧冲过去，查看李敏手臂上的伤口。接着，凯旋的妈妈迅速将他抱起，并带到一个无人的角落，一边抽他的嘴一边要他解释为什么要咬他的朋友。凯旋轻声抽泣，眼神空洞地望着他那愤怒又窘迫的母亲。

尔刚（化名）是在三岁的时候开始上幼儿园的。他有个大他十岁的哥哥，在一所离家两小时车程远的寄宿学校读书。每个周末他的哥哥一回家，就用各种刻薄的方式对付他的弟弟：无情地嘲笑他、推他，或是抢走他的东西。刚入学的时候，尔刚显得安静而沉默寡言。没过多久，他就融入幼儿园中，与之前家中的情况相比，这里就是个安全的小巢。但没过多久，尔刚开始在班里打他的同学，往往只是因为一些小纠纷，比如谁可以先上厕所，谁可以先玩玩具。还有一次是他拿起桌上无人看管的蒙氏教具开始操作，但之前取得此教具的孩子回来后，尔刚依然拒绝还给他并起了冲突。尽管这些骚乱常常能在老师的帮助下摆平，但出现的频率越来越高，之前只是偶尔,后来变成了每天,甚至有时候一天有好几次。尔刚变得越来越有攻击性。但每次我们想跟他的母亲讨论这些问题行为时总是以失败告终,因为他的母亲认为尔刚不可能是"有攻击性"的。直到一次和保姆的随意聊天,我们才了解到尔刚在周末时受过的创伤。阿姨悄悄地告诉我们,她经常看到尔刚被他的哥哥欺凌。此外,在她看来,孩子的妈妈为了补偿他的哥哥,常常花一整天时间在哥哥身上,因此就跟尔刚说"你要乖,好好待在阿姨身边啊"。阿姨还补充了很特殊的一点:尔刚从不发脾气,但是当他看着他的妈妈和哥哥一起离开家时,双眼总是饱含泪水。

这些故事有什么共同点?在这些故事中,孩子们都接收到了这样一条信息:武力是可以使用的,无论是你对他人动武,或他人对你动粗。尽管校园欺凌背后的心理背景不尽相同,了解校园欺凌的产生背后有哪些共同的推动因素仍然大有裨益。

物理惩罚。儿童的早期生活经验大多来自他们的家庭。这些经验帮助儿童发展思维、感知、信任以及与他人交往的能力。研究表明,如果儿童的家长习惯用体罚作为管教手段,那么他们也更有可能在学校里打架、欺凌和迫害他人。（美国心理学会）杜兰大学对 2500 名 3~5 岁的儿童就体罚的影响做了另一个研究。根据这些儿童的母亲们的描述，他们之中只有 45% 的儿童没有受过体罚，而 28% 的儿童被打过一两次，26% 的儿童被打过两次以上。研究分析发现，如果一个孩子一个月内曾被体罚过两次以上，那么他们在 5 岁时变得具有攻击性的概率将会提高 50%。

对成人的攻击行为的观察学习。父母是儿童的榜样，无论父母自己是否意识到这一点。越来越多的研究似乎揭示了家长表现的攻击性行为和儿童对同伴的攻击性行为的关系。在阿尔伯特·班杜拉（Alfred Bandara）的经典的"波波人偶"实验室研究中，两组儿童都看到了成人和一个橡胶充气人偶玩耍。其中一组儿童看到成人对娃娃的行为充满攻击性，比如用锤子打它，或踢它；而另一组则看到成人与娃娃和平地互动。研究发现，儿童看到成人以哪种方式与娃娃互动，他们就会用同样的方式来跟娃娃玩。这给我们讲了一个很显然的道理：儿童会模仿他们看到的成人的行为。

观看暴力的电视节目。许多儿童和青年会比较爱看电视。电视暴力对儿童行为的影响可能立刻就体现出了，也可能在若干年后显现。数以百计的关于电视暴力的影响的研究发现儿童更有可能模仿电视中的人物，而回顾性研究也表明在观看暴力电视节目之后儿童的攻击性行为增加了12%。有些儿童开始接受暴力作为解决问题的方法，并且将他人视作特定的角色，例如施害者或受害者。

电子游戏暴力。如今，儿童和青年们被电子媒体所淹没。在许多电子游戏中，要获胜需要用到抽象而高级的思维能力，因此能提高儿童的问题解决能力、逻辑思维能力、手眼协调能力以及动作与空间技能。甚至有建议说玩电子游戏的动作可以促进大脑又快又准地进行决策。电子游戏自有它的益处，然而不幸的是大部分流行且受欢迎的电子游戏都有暴力的内容。电子游戏中的暴力和玩家攻击性的增加的关系已被广泛地研究，并得出了确定的结论。由于电子游戏玩家是一个积极的参与者而非被动式的观察者，暴力游戏让玩家仿佛是在进行暴力行为的演练。因为奖励能促进学习，而电子游戏正是基于奖励系统创造出来的，它对攻击性行为有着更大的不利影响。我们同样要谨记，非常年幼的儿童通过模仿来学习，并且难于区分现实与幻想，分辨不了是与非。

既然我们已经知道了接触暴力、受体罚或口头虐待对儿童的影响,为了让儿童的举止更加符合社会规范,家长与老师需要齐心协力,做好榜样,并带来文化环境的改变。校园欺凌是一个重大的问题,在预防它的过程中我们每个人都扮演着重要的角色。

如何明智地挑选电子游戏

中国乃至世界的电子游戏产业在过去的 20 多年中有着突飞猛进的发展。2014 年,中国超过美国,成为世界最大的电子游戏市场。尽管个人电脑仍是主要的游戏平台,手机游戏却变得越来越受欢迎。根据《中国市场营销》2015 年 11 月 28 日的报道,智能手机用户将 43% 的时间用于手机游戏。

在国际上,电子游戏产业有一套自我调节的评分系统,但不幸的是这并不能帮助家长们挑选合适的游戏,来避免他们的孩子接触充满攻击性的内容。要判断一款电子游戏是否适合您的孩子,这里有一些小建议供您参考:

在线游戏预览。游戏业界的评分系统只能作为一个大概的参考,因此它不是完美的。对于家长们来说,在为孩子购买一款特定的游戏之前亲自对它进行调查研究才是明智之举。亲自试玩这款游戏来判断它是否合适是一个十分稳妥的方法。

阅读电子游戏包装盒。包装盒的正面和反面通常包括对一款游戏的内容的简要描述。购买前请仔细阅读它。

寻求建议。在逛当地的游戏商店时，和店里的销售员讨论孩子的兴趣爱好。有时他们在挑选游戏时给出的意见，可能会让您受益匪浅。

评级年龄是否合适。大部分游戏都具体规定了适玩年龄，这也是避免您的孩子观看暴力或色情画面的方法之一。在美国，娱乐软件分级委员会（ESRB）根据游戏的内容以及它对儿童有多合适，将电子游戏从 EC（童年早期，3 岁以上）到 AO（只允许成人，18 岁以上）分为若干个等级。中国曾使用绿坝*过滤软件来保护儿童和青少年，但没有一个专门的官方组织负责游戏评级，因此家长们仍然无法弄清一款游戏是否适合给孩子玩。因此，如果能让家长在购买游戏前亲身试玩那将会大有帮助。毫无疑问，您的孩子会说"酷毙了"的游戏都是那些您不让他们玩的游戏。面对这种情况，首先坚定自己的立场，然后和孩子一起探索游戏里的虚拟世界，看他们玩游戏。如果孩子已经在玩这类游戏，您不妨直接和他们一起玩，来了解他们到底喜欢什么样的游戏。没有什么比告诉孩子您对他们的爱好感兴趣更能让他们开心的了。在这个过程中,请确认:游戏中是否有试图伤害他人的角色?同时,还要看侵略性行为的频率有多高,例如十分钟内多于一到两次。然后,问问自己,这种伤害他人的行为是否会以某种方式得到奖励,例如能更快地升级,或得到更高的得分?

教育您的孩子。通过讨论什么行为是合适的,什么是不合适的,来教会您的孩子什么叫举止得当。避免让他们接触那些存在为了解决冲突而使用暴力的角色的游戏。对于年幼的儿童,尽量选择那些有教育意义的游戏,例如那些能加强对词句的基本理解、强化数学概念、提供有趣的小事实或包含有创造性的科学实验的游戏。

您一定要清楚您想给孩子什么,不想给孩子什么。如果游戏产生了不好的影响,那么把它扔掉总好过让它待在家里不断诱惑孩子。在需要做出这个决定的时候,家长就一定要对孩子坚决地说"不",这才是一个好榜样。这会是一个能让他们好好学习的例子,在他们将来的成长中,他们也会学习如何做出明智的决定,即使有时候这很难。

注释:

绿坝软件制作组已于2010年遣散。——译者注

第二章　男生校园欺凌和女生校园欺凌

不同的校园欺凌个案不尽相同，同样，不同性别的校园欺凌模式也存在着巨大的差异。需要注意的是，尽管许多研究得出了相似的结论，但这些研究大部分都是在西方进行的，因此在中国的环境下可能会有所不同。

凶残男孩模式

男孩比女孩更有可能进行校园欺凌。他们更偏好于直接的、面对面的欺凌方式。他们倾向于公开表现，并且对受害者施加身体力量，来获得地位或控制权。他们会跟人打架，或破坏受害者的东西，来使自己更具有威胁性。男孩们的欺凌行为更有可能是由难以抑制的冲动引起的。因为他们的行为更符合我们对"校园欺凌"的传统定义，他们也更容易被抓到。

男孩恶霸通常聚集一批正在寻求被接纳的追随者。结果，追随者倾向于与其组织同伴的言行举动保持一致，主要是为了维持他们在集团内的地位。当男孩欺负人时，他们不会区别男孩还是女孩为下手对象。研究同样发现男孩比女孩更能接受校园欺凌。这有可能是由于我们一直以来的社会观点，认为以武力侵犯他人是男性化特征的一部分，即所谓的"男孩子就该干男孩子该干的事"。因此，在家中以及学校里与孩子讨论什么是"男子汉"，以及什么程度的攻击性是适当的，该如何释放它，显得尤为重要。还有一点，欺凌往往在男孩之间比在女孩之间更容易结束，因为女孩更加情绪化，往往会抱着怨恨。

刻薄女孩模式

女生欺凌者的一些特征是嫉妒、优越感、冲动控制差、缺乏同情心。伊利宾州州立大学发展心理学助理教授卡利斯尼克松（Charisse Nixon）观察到，女孩欺凌他人的原因是自我接受、归属感、自我控制和有意义的生活的基本需求受到阻挠。（2015年7月22日，"凶恶女孩终结项目"The Mean Girl Extinction Project）

女生之间的校园欺凌倾向于用间接、隐蔽而微妙的形式进行，这使得它更不明显，也更难察觉。女生更有可能进行关系欺凌而非身体欺凌。她们通常通过传绯闻、散播谣言、人际关系排斥、诽谤中伤、谩骂、戏弄、威胁公开个人隐私、刻薄的嘲笑和侮辱等方式来欺凌他人。她们的目标是损害受害人的名声，并且将她从其他人中孤立出来。青少年前期的女生比青少年后期的女生更有可能使用攻击性言语。因为这种欺凌的身体行为证据较少，家长和老师难以察觉，因此会比男生的校园欺凌更持久，也更严重，所以这种欺凌同样伤害性十足。

像男孩一样，女孩欺凌组织也是以一个比较有领导力的带头人为主。大多数女孩恶霸不单独行动，她们倾向于拥有支持她们行为的同伙或追随者。此外，女孩们将聚集在主要的欺凌者之下，以便在团体中获得更多的社会地位，因此即使知道这是错误的行为也会在同伴的压力下屈服。女孩欺凌者的另一个特征就是女孩们会彼此不断竞争，即使在集团内也会产生彼此不相信的问题。

虽然男孩们更多是因冲动而欺负他人，但女孩们往往是有预谋地进行欺凌行为。过去在大部分研究中发现，女生比男生更少参与严重的暴力事件，男孩们带着武器参与械斗的概率是女生的两倍。但是，女生欺凌行为开始有较大的转变，她们变得越来越粗野了。那些打架、做出残忍举动的女生是最有可能患上品行障碍的群体。

品行障碍（Conduct Disorder）是一种严重的、持续较久的行为与情感障碍。它包括故意破坏的行为，例如纵火、破坏公物、身体伤害、虐待他人与动物、使用武器，以及强迫他人进行性行为。它可能导致反复的撒谎、商店偷窃或入室偷窃。他们一般过于易怒，有着较低的自尊，并且常常发火。有些人可能会滥用酒精。有品行障碍的孩子往往无法意识到他们的行为会对他人造成伤害，并且一般不为伤害他人感到内疚或懊悔。

对于女生而言，暴力行为的出现比男生要晚，因为女生主要在青少年时期发展出反社会行为，而不是在更早的时候。有攻击性的女孩很有可能被有攻击性的男孩所吸引，并且她们更能接受混在男生群中一起兴风作浪。有时我们会听说女生对男生实施校园欺凌，这可能是她们在有意吸引男生们的注意力。

男生与女生的网络欺凌的模式

根据中国互联网络信息中心（CNNIC）的数据，在2014年6月底中国已有6.32亿名网民。在这些人之中，2.1%是10岁以下的儿童，24.5%的人是介于10~19岁的青少年。如此巨大数量的青少年网民使得网络欺凌变成一个值得特殊关注的社会现象。

国际学校心理学组织在2013年发表了一篇以1438名中国中部的高中生为样本的报告，发现34.84%的人曾在网上欺凌他人，而56.88%的人曾受到过网络欺凌。有趣的是，这项研究发现男生比女生更有可能卷入网络欺凌之中，无论是作为施害者，还是受害者。结果似乎与西方文化中的研究有所不同：在网络上被欺凌的女生比例比男生比例较高。那些学业成就低的学生比学业成就高的学生更有可能实施网络欺凌。同样有研究发现，那些花更多的时间上网、能在自己卧室里上网、受过传统的校园欺凌的学生，也更有可能遭受网络欺凌。

结论

我们常常错误地认为男生是校园欺凌的主要施害者。实际上,女生也能如此残忍无情。由于女生更有可能形成小团体,因此当我们听说有越来越多的少女拉帮结派一起欺负她们看不顺眼的人时,也就不应该对女生的欺凌行为感到意外了。然而我们要明白女孩是为了"在"一起,是一个群体就可以了,但男孩们的目的是为了一起"做",采取行动直接表达。

我们不能总是通过他们的样子来识别谁是欺凌者,但我们肯定可以通过行为来注意到他们。

第三章　欺凌后，如何处理家长和学校之间的关系？

学校与家长必须齐心协力才能一起向校园欺凌正式宣战。但是，如果没有共同的信任，合作也无从谈起。我们讨论如何促进家长与学校的合作之前，先看看两方是如何从各自的角度看待这个问题的。

家长的角度

无论孩子是欺凌的一方还是被欺凌的一方，家长都很难接受这个事实。这也很好理解，家长会很想要一个答案：为什么发生了这种事，学校对于阻止欺凌做了什么，如何才能防止这种事再次发生。那些不知道学校将会如何处理欺凌事件的家长同样会感到焦虑与无助,因为他们完全不知道如何处理跟随其后的事务。如果孩子受的伤严重到了威胁生命,那么整个家庭都将惶惶不可终日。而当教师认为校园欺凌是一种孩子会做的很正常的行为,并且学校对此漠不关心或不置可否,没有针对校园欺凌制定或改进任何政策时,家长变得怒不可遏是一件自然而然的事。

这个案例来自一个中国的母亲发在网上的消息。她儿子 10 岁的那一年,就读于北京一所有名的小学,不幸遭受了校园欺凌。根据中国日报网的报道,这位母亲的公开信在发出的几天内在微信上被分享了 10 万次以上,在微博上有超过 600 万次阅读。据说校方在事件发生后,官方给出的回应依然态度模糊,甚至漠不关心,坚持表示"这起事件完全只是意外,并不是欺凌或暴力事件"。然而那名男孩已经被欺凌了超过一年,现已确诊为急性应激障碍。

有些家长会认为学校在某种意义上应对此类事件负责,尤其当它发生在学校里,或发生在上学时。在中国,当学校没有具体可实施的反未成年人违纪违法(比如校园欺凌）的条例时，肇事者可能只需要道歉或被训斥一顿。在严重的情况下，学校可以在个人档案上记过。有时候，金钱赔偿是由欺凌者的家属自愿参与的，或是通过法律制度进行官方调解的。这也难怪受害者的家长们会将愤怒指向学校，并急着将他们批判一番。

学校或老师的角度

全国的学校都面临着一个巨大的挑战，那就是班级规范的问题。根据教育政策，幼儿园一个班的规模从小班的25人到大班的35人不等；而小学人数规定是45人左右，到了初中则是50人。但是，许多学校都不遵守这些规章。在比较经济与合作发展组织（OECD）成员国的数据时，发现各个国家初中班级的规模不尽相同，例如丹麦、芬兰、瑞士和英国的班级平均人数约为20名学生，韩国班级平均人数约为34名学生。而在其他G20国家的阿根廷、巴西、中国和俄罗斯差异更为明显，其中中国的小学和初中班级人数远远超过其他被调查国。教育部的数据显示，2010年，全国城市中小学有10.95%的入学班级超过65人，而县镇学校占18.92%，乡村学校占11.81%。在师生比达到了1∶65时，教师很难有时间去处理学生之间的矛盾，更不用提他们也往往缺乏与之有关的专业技能了。在这种环境下，班里的老师以及学校可能会期望家长能更主动地管教好自己的孩子，而这往往会加剧学校和家长之间的矛盾，尤其当校园欺凌事件发生的时候。

  同样，有些老师会有不同的看法，认为校园欺凌中受害的孩子本来就有保护好自己的责任。还有些老师在被家长或某些学生告知欺凌事件的发生时，对此不以为意，并觉得事情被夸大了。还有可能，有些老师会认为是校园欺凌的受害者激怒了其他人，或他们的性格本来就有问题，才会使得别人这么对待他们。还有一些观点认为，欺凌行为的发生是由于欺凌者家中的一些经历使他们变成这样，学校和老师鞭长莫及。实际上，如果老师们持开放观点，能够理解孩子家中发生的事情可能产生的影响，而如果家长也对此给出一定建议，那么老师们也能处理好这种情况，防止孩子感到孤立与不安，进而避免校园欺凌的发生。

  有时，学校不采取行动可能是因为他们确实不知道校园欺凌的发生。就像我们在前面讨论的那样，如果校园欺凌已经不为人知地进行了一段时间，那么孩子往往会不愿意跟老师说这件事。而如果欺凌是在网络上进行的，学校就更觉得这件事不应该归学校管了。可能教师也不知道自己对于网络欺凌有何权力与责任加以干涉，因为它是在放学后、校园外发生的。而这应该归谁管，是老师管还是家长管？

对于学校来说，严肃对待校园欺凌也对他们自己大有好处，这关乎学校的名声，更何况家长也不会想要将自己的孩子送进一所允许校园欺凌的学校。但是，学校没有明确的反校园欺凌规章，这也难怪当欺凌事件发生时校方和警方建议涉事家庭私了。

家长与教师的合作是关键

考虑两方的不同观点，家长和学校都觉得校园欺凌是一件很难解决的事就再正常不过了。这使家长愤怒，使老师受挫，而孩子们所面对的问题仍没有从根源上被解决。

鉴于校园欺凌是世界性的问题，我们可以先看看其他国家是怎么做的。

在初三年级的男学生因为在上学第一天穿粉色衬衫而遭遇欺凌之后，加拿大于2008年2月发起了第一个国际反欺凌日。如今，不少企业、学校、组织每年都会参与到粉衬衫日的活动中。所有这些活动的收入都会捐给 CKNW 孤儿基金用以支持反欺凌事件。其中，所有网上收入都会分发给其他相关机构，比如"男孩女孩俱乐部"（Boys & Girls Clubs of Western Canada）、"儿童求助电话"（Kids Help Phone）以及"红十字"（Canadian Red Cross）等。

2012 年，联合国宣布 5 月 4 日为官方的反欺凌日。参考世界上许多国家，例如澳大利亚、法国、黎巴嫩、英国、美国等，把这一天也称为粉衬衫日。如今人们可以在这一天穿上粉色、蓝色或紫色的衬衫来表达自己反校园欺凌的立场。

在教育和文化部的资助下，芬兰图尔库大学开发了一个名为 KiVa 的反欺凌计划。该计划被该国大多数学校采用。它为 6 至 16 岁的儿童和青少年提供学生课程和网络游戏，主要侧重于防止欺凌。该计划还为教师和家长提供了大量的材料，如手册、视频、海报、调查报告和家长指南。许多研究评估了 KiVa 反欺凌计划的效果，结果表明芬兰自执行计划以来，欺凌情况有所减少。其成功可能归于这是学校反欺凌运动的永久性措施。

另一个全面的反欺凌计划是由学校、个人和社区组成的奥鲁斯欺凌预防计划。它专注于长期的变革，创造一个安全和积极的学校气氛，专门用于小学、初中和高中。该计划的目标是减少和防止欺凌和改善学校的同伴关系。该计划已在世界十几个国家数千所学校中实施。它有效减少了学生的欺凌问题，改善了社会氛围，减少了破坏行为和反社会行为。

香港教育局于2003年制定了一套反校园欺凌方案——《共同创造和谐学校》，协助学校制定预防策略。该方案为学校提供指引和建议，以提高教师对学校欺凌的认识，并协助学校制定本校策略，处理、跟进和预防欺凌。教育局定期发布更新方案，组织学校讲座及研讨会。社会福利署的家庭、儿童保育服务组织及香港警务处的学校联络主任等亦与教育局紧密合作，协助学校及家长处理个案。

新加坡儿童协会于2004年启动了《无欺凌方案》，分别是公共外展服务和学校推广两个层面的反欺凌程序。这个组织的网站向公众提供有关校园欺凌的信息、干预策略、一些可下载资源以及年度会议的总结。学校拓展方面的一些工作包括会谈、研讨会、夏令营、主题运动会、教师培训和家教研讨，以及专门服务学童的免费在线聊天室，特别是在父母或主要护理人员不能交谈的情况下可拨电话求助。另外，黄爱芳（Esther Ng）女士也做了一些带头的工作，她于2005年成立了非营利组织——"儿童与青少年反欺凌联盟"（Coalition Against Bullying for Children & Youth，CABCY），主要使用艺术治疗。

2016年，国务院教育督导委员会办公室向各地印发《关于开展校园欺凌专项治理的通知》，要求各地各中小学针对发生在学生之间，蓄意或恶意通过肢体、语言及网络等手段，实施欺负、侮辱造成伤害的校园欺凌进行专项治理。

学校必须给孩子们提供最安全的环境。学校领导和教师需要明确地提醒学生，校园欺凌是不被允许的，并且会招致惩罚。反校园欺凌有关的行政工作不是一劳永逸的。家庭与学校的合作关系必须基于共同的信任与尊重，并且两方对于孩子在学校的教育应共同承担责任。学校的反校园欺凌教育应渗透到每一层级，并且有关的信息无论对学生或家长都应该及时传达。信息交流与反馈手段越快、越单纯，那么信息被歪曲的程度就越小。

家长也可以通过许多方式参与进他们孩子的教育中。这些方式包括家庭教育、与学校沟通、参与学校管理与决策制定、参加学校与社区的合作。学校的管理层应在对外联系上多花点心思，这样才能鼓励更多家庭以各种方式参与到学校的教育中。

研究表明，好的学校往往有较高水平的家长与社区参与度。而那些家长经常参与学校事务的孩子也会有更少的行为问题和更高的学业成就。家长的参与能够让他们与教师共同努力，鼓励那些应该出现在教室里的行为。考虑到家长的不同专业背景和技术，学校能够从家长中找到志愿者，组成合格的顾问团和培训者，让他们成立工作委员会。这样能更有效地促进家长们和学校之间的合作。这种合作形式并不简单，它需要投入和时间。这些家长志愿者可能需要特殊的管理以及额外的支持。学校和家庭双方都需要改变对对方的看法，这样才能形成一种真正视彼此为战友的合作关系。但最后，大家会发现这些努力都是值得的。

要顺利形成家庭、学校合作关系，以下五个方面需要注意。

沟通。有效的沟通应该是主动的、个人的、频繁的。校领导必须竭尽全力让家长感到受欢迎、受重视，同时意识到并感谢家长为此付出的努力。无论校方还是家长志愿者都应该懂得如何高效交流，同时对对方报以尊重。

将学校与家庭中的学习相结合。两方都应该对这次合作尽心尽责，同时期望能有最好的结果发生。家长必须重视孩子在学校中学会的知识与技能，并让孩子在家中能充分利用它们；反之，学校也应同样重视孩子在家中所学。

认清家庭的重要作用。家庭是孩子的第一所学校，并且当孩子从学校毕业后，家庭也依然继续影响孩子未来的学习与发展。家长们可以鼓励孩子在校内校外都不断学习，并且帮助支持学校的目标、方向以及理念。而另一方面，家长也可以要求学校给自己的孩子提供安全、充满关怀的环境。

培养感情，建立认同感。学校的任务是帮助未成年人发展社会、情绪、道德和智力能力。学校的活动可以用来促进学生的文化认同，来帮助他们培养社会责任感。

咨询式决策。在有关自己孩子的实务中，家长有被咨询意见和参与决策的权利，当多方都能参与到学校的决策中时，学校和家长会感受到彼此的共同责任。这确保了家长的意愿和家庭的价值能得到充分的倾听与尊重，而学校的决策也会变得更加有理有据，同时也更透明。

第四章　如何与受害者/欺凌者的家庭交流

在之前的章节中，我们讨论了家长的参与对于处理孩子行为问题的重要性。但是和那些孩子受人欺凌或孩子欺凌别人的家长交谈是一件让人很紧张的事。这个话题如此敏感，以至于需要一些十分微妙的方式。家长们很容易情绪激动，进入自我防御，并且拒绝承认。校领导和老师需要适当的训练，学会用正确的方式来让交流变得不那么紧张并得到更多有意义的结果。

与受害者的家庭交流

当孩子跑回家说自己在学校被欺凌了，家长们感觉天都塌了。他们冲到学校，愤怒又焦躁，要求知道到底发生了什么，而老师和学校又打算怎么办。

假如家长真的在课上到了一半的时候冲了进来大吼大叫，作为老师的您需要用最快最有效的方式让自己镇定，比如数数字数到十。深呼吸，保持冷静，并且如果做得到的话，注意一下自己说话的语气和面部表情，让周围的人相信您还控制着现场，同时表现出您对这件事的严重性的关心。记住，整个班的学生都在看着您，而您将亲身示范如何解决冲突。一旦有机会开口说话，您可以温柔地将家长带出教室，同时示意班长帮忙管一下班级，之后，找一个安静的房间来和家长交谈。

您可以用一种冷静的口吻，让家长相信您正在认真对待这件事，只是你们都需要一点时间来对细节进行讨论。跟家长提建议之后再定个时间和地点跟家长见面，或至少允许您请其他老师先过来帮忙处理一下，使您有时间好好准备。

有时候家长并不清楚发生了什么，尤其是当涉事的孩子年龄十分小的时候。您可能需要替家长弄清一些诸如此类的问题：

◆ 孩子现在怎么样了？

◆校园欺凌持续了多久？

◆发生什么了？

◆它是在何时何地发生的？

◆有哪些孩子与此事有关？

◆欺凌发生的时候，旁边有其他学生吗？

◆孩子有跟老师或其他成年人说吗？

如果这是您第一次听说这个问题，请向家长说明您可能需要一两天来调查清楚。给他们一个确切的时间，说明大概多久之后您可以给他们答复。如果您的学校有制定反欺凌政策，请给家长一份政策的副本让他们明白学校是坚决站在反校园欺凌这一边的。

尽管家长会跟您说发生了什么，但您依然需要了解被欺凌的孩子自己的说法。有些家长可能会过于保护自己的孩子，拒绝您去询问孩子。如果条件允许的话，让家长将他们知道的事列出一份书面说明。如果家长指出了欺凌者的名字，您也需要亲自调查，听听另一方是怎么说的。当在对这些事情进行调查的时候，也不要忘了您的其他职责，比如日常的教学、管理班级等。这些调查一定得慢慢来，而您也务必保证自己掌握的是准确的信息，因为孩子往往不会跟您说出真相的全部。您需要问问当时在场的旁观者、被指控欺凌的学生,以及其他既不是受害者也不是欺凌者的朋友的孩子。

大部分的校园欺凌都是在朋友间发生的。对于幼儿园或小学低年级的学生,您可以调换班级的座位或重新分小组。对于年龄稍大的孩子,欺凌者需要被多加注意一段时间。欺凌者的自由活动时间应该变短。派一个成熟一点,或者比较靠得住的学生去留意欺凌者在教室里或小组活动中的行为。尽一切可能去保护受欺凌的孩子,尤其是在课间或者换教室的时候。在中国,班干部尤其是班长常常成为教师的左右手。让被欺凌的孩子知道如果他觉得压力很大的话随时可以去找他们。

有一点很重要,即要及时告知家长您所做的每一步。没有什么比在电话前干等一个被许诺了却从未打来的电话,或自己正式提出的不满被忽视了更让人感到挫败与气愤的了。这可能会让问题上升到法律层面,或引起不必要的舆论攻击。

一定要随时记录好您与家长还有其他第三方的每次讨论的内容。让家长仔细阅读,并在上面签字。上面的内容可以有比如双方各自从对方得到了哪些消息、一起同意了采取哪些行动等。这可以作为一个精确的证据,一方面可以避免日后再产生误解，另一方面也能保护自己不被告上法庭。

有时候，被欺凌者的家长会抱有一些不切实际的期待，比如开除欺凌者。虽然他们可能不乐意接受这是一件不太可能发生的事，但是还请您耐心向他们解释学校自己的校规以及背后运作的规律。

当家长变得攻击性十足并且开始辱骂脏话时，给自己找个礼貌的借口暂时脱身，并找一个更高级别的校方人员与您一同参加与家长的会面。同时，给学校提供一份书面的报告作为存档。有时候家长可能会对您进行威胁，这时候是可以禁止他们接近您的；同时，也务必让警方知道这些威胁辱骂的情况。

与欺凌者的家庭交流

这是一件着实不易的差事，您需要好好揣摩他人的心理，并且问问自己是否已经准备好了去做对孩子的支持工作。

首先要谢谢家长愿意抽空来跟您见面。对于他们的恐惧、焦虑、受伤、愤怒，甚至抑郁，要表现出同理心。确保让他们感到您能随时提供帮助，并且在您的眼中，他们的孩子同样是需要帮助的人。这有助于推倒对方心中无意识建立起来的防御之墙。有时候无论大错小错，相应的一些诸如警告或留校察看等处分措施其实都是学校高层领导授意的，他们才是真的有开除学生的权力的人。

每个孩子都会有自己闪闪发光的一面，试着真诚地向他们的家长说说他们的孩子的优点吧。如果您觉得实在是一个优点都找不出来，那这说明有问题的不是那个孩子，而是您。除此之外，如果家长发觉您不喜欢他们的孩子，觉得他们的孩子很坏，甚至认定孩子无所作为了，那家长为什么要听您的呢？

有些孩子可能会是个"两面派"：在家是一套，在学校里则是另一套。有些家长会打包票自己的孩子在家里绝对是完美的：十分听话，自觉学习，尊重长辈。因此，当老师把孩子在学校里不好的一面展现给他们时，也难怪家长们会不愿相信，甚至过度防御，反过来说老师是在污蔑他们的孩子还有家庭的名声。这也是为什么有时候老师在做针对欺凌者的家访时最好有一个学校高层领导陪同在一旁。

在和欺凌者的家长会面时，千万不要让他们觉得自己的孩子被审问，被不公平地对待，面临着莫须有的指控，抑或是被歧视了。即使孩子真的犯了错，也不要把家访弄得像一场拷问。学校的职责并不是定罪量刑，而是和家长共同讨论出一个解决方案。

试着让家长觉得您是在试图保护他们的孩子免受法律制裁或是其他更不好的结果。您是极力支持他们的孩子的人。做好细心倾听家长们所说的话的准备。如果家长们感觉自己正在被倾听，那么他们也会更愿意合作。倾听的技能不是天生的，而是需要不断学习的。这包括将注意力放在正在说话的人身上，以及耐心等到他们将自己所想说完。如果您给予他们尊重，那他们也会用同样的方式对待您。

请简单地向欺凌者家长说明学校绝不会容忍校园欺凌的存在，无论背后有什么原因，抑或进行欺凌的是谁。重申会面的目的是共同努力，商定可行的解决办法，以确保欺凌行为停止。

交流不通导致行为不当。如果您认为孩子的问题源于在家里未能得到满足的期望，那么这可能是一个理解问题的很好的切入点。在前面提到的尔刚的故事中，我们一开始先去了解他家中的情况。在了解到潜在的问题可能导致孩子行为不当之后，学校能够从更好的角度给家庭提供建议,去改善家庭关系。

其他可能的家庭因素包括家庭暴力与虐待儿童、自相矛盾的教养方式、亲子之间的低亲密感、父母离婚导致的压力、与父母的长期分离、经济压力甚至是在家中无法感受到爱与温暖。

解铃还须系铃人,我们的目标之一还包括让孩子意识到这是他们的问题。时刻牢记,我们是在引导他们对自己的将来负责。一个较好的方法是,问孩子,自己应该如何改正才能避免再去伤害人,无论是肉体还是精神上的。还应该让孩子好好思考自己最近以及将来打算怎么做。鼓励孩子想出一个好的改正方法,因为这意味着他们真的愿意努力去改变自己。即使他们没有坚持去实现它,至少这让他们参与到了决策过程里面。只要被给予了机会,孩子们往往就能做得更好。

某些学校有自己的反校园欺凌政策,他们会要求学生签署保证书,保证自己完全清楚自己的所作所为将导致怎样的后果。这为如果欺凌没有终止该做什么提供了明确的指示。如果欺凌行为仍在继续,那么学校应该立即执行之前保证书上列好了的处理措施。

第五章　如何处理受害者与欺凌者家庭之间的争端

如果校园欺凌是偶尔的孤立事件，可能学校单独跟相关的两个家庭联系就足够了。对于不太严重的校园欺凌，有些学校只会对欺凌者给予警告或留下罚站。但在比较严重的情况下，学校必须主动承担责任，去做两个家庭以及他们的孩子之间的调和者。

当进行两方家长同时在场的会谈时，我们建议遵从以下3个步骤：

1. **营造合作的氛围。**提前与两个家庭单独会面，让双方都同意在学校做中间人的情况下，用合作而尊重彼此的方式解决这个问题。这对于孩子尤其重要，因为家长们是在用一种积极的方式来解决冲突，这向他们证明了任何人都可以与自己共同解决冲突。这么做是为了让与此事有关的孩子认识到这是自己与他人的冲突。这么做可以让双方都有机会发声与倾听。如果一切顺利，这可以让双方都体面地解决问题，并且建立合作关系，并明确地认识到将来还能够继续解决可能的冲突。

  2. **重申学校的规章**。如果学校之前有制定反欺凌政策，那么从会面开始就应该贯彻其中的关键点。这能够提醒在场的人，让他们更愿意尊重对方并与对方合作，并更愿意为实现消灭校园欺凌这一共同目标而努力。

  3. **反复强调校园欺凌的影响**。有时家长并没有意识到校园欺凌那长久而巨大的影响。有研究发现，欺凌者往往不记得事件的细节，但被欺凌者却记得全部。提醒在场的每个人，校园欺凌会有怎样的影响，引起怎样的后果，它会如何影响孩子们成年后的生活。先做好与之有关的功课，然后在见面时向家长们呈现实证性证据。

  既然校园欺凌已经确确实实发生了，有一件学校可以做的事情是事先让欺凌者以书面的形式陈列自己的行为，并承认其行为对其他人造成的伤害。那么在会谈时上可能就不需要再有任何关于欺凌者动机的实质性的讨论。会谈的重点也许就是让欺凌者承认错误并道歉。

  需要注意的是，虽然鼓励孩子道歉是有意义的，但是如果这是个要求或命令，那么这个道歉就是不真诚的。这并不会使孩子发生家长所期望的改变。事实上，这可能会激起孩子对受害者更强的负面情绪。在这种情感的驱使下，欺凌者可能会想出新的复仇方法，而且这些复仇往往比之前的更难被发现，也更有伤害性。相反，家长应先做个示范，看着受害者的眼睛，说："我们在家里是不允许打人的。我真的很抱歉我们的孩子让你受伤了。"这就像俗话说的："善人从他心里所存的善，就发出善来……因为心里所充满的，口里就说出来。"我们只能寄希望于孩子感到后悔与内疚，这样我们就能引导他们做出正确的行为。如果孩子依然不为所动，那就别管他；相反，应该把注意力放在被欺负的孩子身上，给予积极关注。

  在一些较为严重的情况下，欺凌他人的儿童可能会面临一些学校的处罚，例如义务劳动、留校察看、权利收回或停学，并且家长、欺凌者、学校官方都认为这是可以接受的。在这种情况下，会谈的主要内容可能就是要求欺凌者道歉以及惩罚具体落实。尽管这些惩罚算是在跟孩子说什么行为可以接受而什么不行，但是实际上可能他们并不会对根深蒂固的欺凌行为有所动摇。

好的行为能促使这件事得到圆满解决，但它本身并不代表事件已经解决。想要让孩子得到真正的改变，他们需要牢记如果规矩被破坏那么将会发生什么。如果他们这么做了，那自然就会选择去遵守规矩，因为任何违反纪律的事都会招致消极的结果。父母和老师需要帮助孩子明白事件的因果关系，这样他们才能学会自行选择，才能不断锻炼自己的自控力，并且做正确且适当的事情。

另一个行之有效的方法是"修复性正义"。这是一种较为主动的干预方法，它的主要内容是建立一种充满沟通与关怀的氛围，使涉事双方都能从中获益。要建立一个充满沟通与关怀的氛围，应集中在建立、维持与修复双方之间的关系上，并让犯事者充分理解到自己的行为对他人以及自己造成的不良影响。同时，也应该允许受害者谈论自己的感受（例如"我觉得你在肆意评判我"）。两个孩子都应该在如何准确陈述自己对问题的看法这一方面得到家长的指导。欺凌他人的孩子在得到机会回答之前，应该好好倾听，并且保持礼貌。这能让他学会对自己的行为承担起责任，并自己找到与自己曾伤害过的人一起让事情回归正轨的方法。在这些努力后，可能得到的修复性的结果就是欺凌者的道歉、关系修复、社区服务，以及其他双方共同接受的可以表示歉意的补偿方法。

有些家长和被欺凌的孩子可能会觉得让欺凌者参与上面这些方法简直是天方夜谭。可以说，学校里负责做这些工作的人确实应该有接受过专门训练。这是需要极高专业技术的工作，学校里很可能没有人拥有做这些事的能力。所以学校让特定的教师接受专业的反校园欺凌培训就显得相当有必要。

孩子在与同辈互动的过程中可以学到很多解决冲突的办法，而这些技能并不是天生的。学校和家长在帮助孩子学习这些技能的过程中发挥着重要的作用。这些技能包括管理情绪、理解他人、有效交流、想出可行的办法并做出决策。

第五篇　留守儿童的欺凌问题

DIWUPIAN

怎样帮助留守儿童？

怎样帮助留守儿童？

在我们移居到中国生活工作刚开始的时候，我的丈夫在一家专门采购出口用的少数民族工艺品的美国公司工作。在中国生活的这些年里我们才开始对留守儿童的情况有所了解。据了解，留守儿童就是指父母亲中的一个或父母亲都在城市工作时，被遗留在乡村让大多文化层次较低的祖父母、亲戚或邻居朋友帮忙照看的孩子。社会整体以经济增长为主要目标，偏向城市的发展模式使得农村劳动力大量进城打工，从农民变成了工人。但是由于现行体制的限制和户籍制度的捆绑，流动人口子女在城市的生活和学习面临许多挑战，他们只能无奈把孩子留守在家乡，毕竟大家似乎都觉得外出到城市工作赚取更多的经济回报，生活能过得好一点，就能让孩子接受更好的教育。所以他们总是认为一个更好的未来往往与下一代的教育直接相关。

根据中国妇女联合会2013年提供的数据，在中国有6100万留守儿童。中国网最近的一项调查发现，有36.3%的留守儿童说他们每月被欺负两三次，另有26.3%的受访者以一定的频率欺负其他学生。（中国网，2016年5月10日）据美国研究之门（Research Gate）发布的最新研究报告（2015年7月），农村学校的儿童遭受的欺凌行为比郊区和城市学校多。报告引用的各种原因如下：

◆农村和城市学校教学质量和资源配置不平等；

◆教师水平较低和学习成绩较差的学生入学率更高，可能会导致更多的负面学校气氛，并引发学校更多的欺凌事件；

◆农村学校薪酬较低，条件差，不能吸引优秀的教师。

2001年左右，中国在全国农村小学和中学开展了改革运动，由于学生入学率不高，乡村学校的关闭速度令人震惊。结果，因为交通不便，年幼的学龄儿童不得不步行到附近的乡镇学校。由于学生每天在学校和家庭之间往返不方便，其中许多学生在学校寄宿。但是农村学校比较缺乏财务资源和人力资源，难以招聘到专门的寄宿管理人员等。再加上教师都有教学和非教学职责，这意味着可能没有人可以及时监督孩子的寄宿生活。如果工作人员有自己的家庭，他们通常首先关心自己的家庭需要，再把有限的精力投在这些孩子身上。

虽然上述可能是农村学校的孩子面临更多欺凌的一些因素，但是他们的茁壮成长的能力不仅取决于教师和设施的质量，而且还取决于他们与成年人的关系接触。我想专门留出一章，向那些将自己的生命与热情奉献于留守儿童教育事业的教育家和老师们致以敬意。这其中有着无数的挑战，我从未敢断言我已经找到了出路。我的目标是帮助家长和教师了解留守儿童所遇到的社会情绪空缺。只有解决这些问题，才能开始理解可能引发孩子行为的原因。对于那些每天能回家的孩子而言，我希望您作为照顾者或家长，能抽出宝贵时间了解您的孩子的内心世界，并与他们建立更强大和更健康的关系。

了解大脑发展

大脑的开发就像建立一个房子，需有坚实的基础和四个方面：认知、社会、情感和身体发育。所有早期的童年经历都成为构建大脑的基石。房子是不能自建的。我们需要承包商、油漆工和水电工等人来完成房屋建设的不同方面。同样的，孩子的大脑也不能自己构建。要充分发挥孩子大脑的潜力需要一个健康的环境。虽然父母基因遗传提供蓝图，但成年人提供的关心和互动是培育儿童大脑发育的关键。当一个婴儿或年幼的孩子叽叽喳喳说话，用手势示意或哭泣时，看护者用眼睛接触、对他说话或拥抱等适当的回应将促使孩子大脑神经元的连接且使之变得更强，这可以帮助孩子发展情感需要和认知技能。这种互动被称为"发球和接球"（Serve and Return）的互动。一个很好的例子是当孩子指向一个东西（发球）时，成人以物品的名称进行响应（接球）。孩子在该物品和其名称之间形成心灵联系。高质量和可靠的关系是充分帮助孩子获取不同经验的关键。它提供必要的支持，以建立一个持续一生的强大的大脑。换句话说，敏捷和反应积极的看护者可以提供丰富的"发球和接球"体验的环境。

在情感发展方面,这些互动可以帮助孩子:
- 发展自信
- 以健康的方式应付压力
- 了解是非的区别
- 发展同情心
- 形成友谊

如果成人的反应是不可靠的,不适当的,或者简直严重缺乏的,大脑的发展中的体系结构可能会被打乱,可能导致生理和精神的健康受到损害。持续缺乏"发球和接球"的相互作用可能会使发育中的大脑产生有害的应激激素。它削弱了发展中大脑的架构,对学习、行为以及可持续的身心健康都有长期的不良后果。儿童不良经历可包括身体和情绪上的忽视、严酷的惩罚、看护人的变化、身体虐待和家庭混乱等。

儿童与成人依恋关系

婴儿约7~9个月大的时候,特别倾向于特定的人士给他提供安全感。当看护者离开时,他会表现出对陌生人的恐惧和变得不开心。孩子到了一岁半左右，他变得越来越独立，且与更多的人建立依恋关系。当孩子知道他可以依靠照顾者来满足他的需求时，他就会产生安全感，这为他探索世界创造了一个安全的基础。儿童与成人的依恋关系是未来社会关系的原型。像约翰·鲍比（John Bowlby）、康拉德·洛伦兹（Konrad Lorenz）和哈里·哈洛（Harry Harlow）这样的心理学家向我们表明，0～5岁期是开发儿童依恋关系的关键时期。破坏它可能会产生严重的后果。如果在这个时期没有形成依恋关系，孩子就可能遭受不可逆转的发展后果，如反社会不良行为，缺乏同情心，处理生活方式不一致行为，性情差，学业成绩差，等等。

当孩子情绪忧虑而看护者对他们不敏感、辱骂对待或忙于他事而忽视，孩子长大后会避开他们，因为他们相信即使说出自己的感受也不会起到任何作用。这种行为被称为"回避性关系"。这些孩子感到被拒绝，不被爱，不被接受。

焦虑、矛盾型关系的孩子通常会在看护者离开后表现出焦虑的行为，别的大人不易让他们安静下来。当看护者回到身边时，他们会拒绝。这是由于看护者平日的照料不一致，孩子未能与他们建立任何安全感。这样的孩子有消极的自我形象，内心是愤怒的，他们感到困惑，所以夸大了他们的情绪反应，作为一种获得关注的方式。

研究表明，未在早期生活形成安全依恋关系可能会对儿童的后期行为产生负面影响。回避性和矛盾型关系会增加社会和情绪行为问题的风险。为了能让孩子有安全感，看护者必须对这些孩子的需求敏感和耐心地对待。细心照顾孩子并不是限制于家庭，教师也扮演着重要的角色，是孩子的榜样和道德指导者。如果孩子们感觉不到老师对他们的尊重和关怀，他们不可能向老师打开心扉，也无法接受他们的道德教育。

13~18岁之间，青少年经历了独特的社会和情感发展，形成了自我特性。他们正在经历青春期，有时会喜怒无常、敏感和局促不安。而在此期间，他们更重视与同龄人的融入，因为保持个性化并不像在小团体一样重要。对于许多家庭来说，这种变化意味着照顾者和孩子之间的关系的重大转变，往往被误解为反叛，家庭成员难以接受。另一方面，如果青少年担心不被同辈接纳，他们就会焦虑不安，自信受损。所以，当青少年没有归属感，并觉得家人只会指责和反对他们的行为时，他们就有可能参与不良的群体。在这个青少年发展阶段，他们觉得自己懂得不少，开始争论，并可能坚持认为照顾者不理解他们。他们一味争取更高的独立性，不再向看护者取得同意就擅自做主。

一般来说，这些青少年到了17岁左右，心情会比前几年更平静。这是由于激素减少而引起的变化，自我控制能力也增加了。但是，这并不意味着他们不会与自己的情绪搏斗，比如感情受到挫折或发现自己没有考上大学等情况。他们都是第一次面对这样的问题，所以需要继续帮助他们应对失败，传授健康的应对技巧是非常重要的。此时，这些青少年会考虑高中以后要做什么。他们可能会对未来感到兴奋，但也觉得惧怕。毕业后有很多关于生活的决定。如果他们考不上大学，在失去方向或没有安全感的情况下，他们面对这种压力时可能选择加入军队，或者跑到更发达的城镇随便找一份工作。这时候能与他们保持沟通，帮助他们分析多种选项是非常重要的。

父母与留守儿童关系的建立

始终保持公开沟通。开放沟通是形成您和孩子之间积极关系的关键因素。通过定期打电话和在线聊天的方式，在生活的各个阶段与他们保持联系。除了询问他们在家里和学校的情况以外，还要主动给予肯定和鼓励。您可以花时间谈谈您在外地的工作，分享一些愉快的经历。不管他们的年龄多大，不要忘记告诉孩子您有多想念他们并非常爱他们。孩子能与在外打工的家长真实见面的时候，会更愿意和父母谈论与朋友或学校有关的问题。如果可能的话，尽早地计划购买您假期回家的票，即使只是短短几天的陪伴。实在不行的话，请考虑把孩子接过去和您一起度假。

共享体验。亲子关系是建立在一个可靠、有沟通、有条理性、共处的氛围中的。有时，父母为了弥补自己的缺席，当他们在家时就忙于为孩子做这做那的，不允许孩子一起做家务，这样您无意中就错过了与孩子亲密相处的机会。其实孩子能与您一起做点儿事，他们反而会感觉自己很强大。在家时孩子也可以提供意见，允许他们这样做显然让他们感到被重视。当你们在一起时，请进行一些乐观有趣的活动，比如烹饪，去市中心逛逛街，看孩子喜欢的电视节目，一起锻炼身体或玩游戏。从事这些活动时，应避免通常导致争议或权力斗争的话题。

寻求一对一的机会。当孩子年幼时，父母很自然会花更多的时间与他们在一起。当您的孩子进入青少年时期，这些亲子约会也不应该停止。无论是在附近散步，一起看电影，钓鱼还是在田里摘蔬菜，重要的是能在一起。有的青少年与父母这样密切地沟通可能会感到尴尬。请利用这个宝贵时间真正了解您孩子的兴趣、爱好等等。

提供无条件的爱。让您的孩子知道如果他们遇到困惑可以找您谈心，您的立场是倾听，不要指责。即使有时会有冲突，孩子的行为可能让您感到非常失望，或者您是非常担心他的安危，甚至您已经快崩溃了，但是请牢牢记住这个重要的法则：在您愤怒时，不要说话。因为您不想在愤怒的时刻说出后悔的话语。相反的，在更适当的时候再进行积极和有效的沟通。更重要的是您要告诉孩子您是多么爱他，即使当时他对您冷漠无情，一点都不欣赏。父母与青少年之间的良好关系可以促使相互的尊重和亲子关系健康发展。

显示真实的您。随着孩子的成熟，让他们能够了解您在外打工所面临的一些挑战。显示您真实的一面可以加强他们对人生课程的学习。分享个人的经历，适合孩子年龄的故事来推动他们的学习和发展。例如，如果您也在工作场合遭受欺负，与您的孩子分享一下，并解释您是如何面对问题的。在孩子的眼里，您是坚强无敌的，所以这样真实的分享有助于他明白您也会遇到困难，并会有勇气去克服。

乡村教师对留守儿童的支持

据报道，超过15%的留守儿童在一年内与他们的父母没有任何联系，4%每年只接一次电话。（《中国日报》，2015年6月18日）现在我们已经知道大多数的留守儿童都不会和父母建立健康的依恋关系，而且不少孩子还必须承担不可估量的个人和社会责任，因此，教师必须为他们提供社会和情感支持的渠道。

据我所知，留守儿童到四年级以上就能住在学校宿舍。这样一来，教师与孩子每天平均8小时至长达12小时在一起，一年约10个月一起生活着。教师能与孩子形成友好的关系可以培养他们的学习欲望。价值观的灌输是通过温暖、关怀的师生关系而建立起来的。学生非常关心教师价值观的传达，因为学生知道您是关心他们的。

教师可以采取以下措施来最大限度地发挥对留守儿童的积极的道德影响力：

作为有效的照顾者。爱和尊重您的学生。帮助他们在学习中取得成功，并且让每个孩子感到被重视和有尊严，以建立他们的自尊，让他们亲自感受到道德精神的意义。孩子们有不同的学习策略和实现目标。或许有较少学生可以把握和快速学习，但其他人可能需要不同的技巧，并需要重复指导才能理解课程。另一方面，有些学生喜欢耍活宝，一点都不认真，还把学校当作娱乐场所。如果没有正确的沟通，教学可能变得困难。关键在于教师不断监测那些可能造成干扰的学生，并且特别注意他们有没有遇到困难。了解他们的恐惧、问题或困惑将使老师更好地了解孩子的学习困难。一旦老师意识到这些问题，应该表现出耐心，使孩子们在课堂上学习时感到安全，不那么困惑。虽然不可能了解课堂上每个孩子的每个问题，但是师生联系越好、沟通越多，教师越有可能帮助孩子更高效地学习并且取得更好的学习效果。特别是对于留守儿童来说，教师帮助他们拥有归属感在很大程度上可以帮助他们建立自我价值体系。

作为孩子的道德榜样。有道德的教师在课堂内外将表现出高度的对孩子的尊重和责任感。教师也可以花时间通过讨论在校或世界各地所发生的一些重大事件与学生进行道德关怀和道德推论。对于那些喜欢给同学随意贴标签的学生，不及时阻止其行为，实际上就是鼓励欺凌行为的形成。辱骂行为是贬低的、有破坏性的行为，它会毁灭他人自尊。因此，教师引导孩子彼此尊重是很重要的。通常，进行一堂关于培养自尊的教学活动可以对带有暴力性行为的孩子起到有效的指导作用。

当学生觉得学习无聊，表现出捣乱的行为时，教师必须明白，如果不做任何事情来阻止它持续下去，那么对课堂上的所有学生来说，结果都将是极其糟糕的。捣乱的学生得出的结论就是他们的行为是可以允许的，日后还会失去学习兴趣。虽然我们不能强制学习，但是，教师要使教学活动有趣和充满交互性，确保学习过程愉快，这一点很重要。如果教师的作风极其专断的话，孩子会害怕提问。教师不必放弃班级的管制，但可通过相互协议确定的交互式管理方式与学生分享控制权。当教师给他们发言权和倾听学生的意见时，学生们感到受宠若惊。

担任道德指导师。教师是被赋予高标准的职业。您作为榜样，应该认识到，您的上下班时的行为会深刻影响您的专业形象。判断失误可能会对学生造成不利影响，损害教师的信誉,削弱大众对学校和专业的信任。

当学生参与对自己或其他人有害的行为时,教师可以通过解释、讲故事、课堂讨论、鼓励积极行为、纠正措施等来教育和指导,特别是一对一辅导,来提供直接的道德教育和指导。

总结

改善家长和老师之间的关系,对这些受伤害的孩子有重要的、积极的和持久的影响。父母和老师的角色并非是与这些青少年成为朋友。他们已经有很多朋友了。您的角色是保证青少年情感的银行账户得到满足。因此,请定期存款!

致谢

首先要谢谢的肯定是我的丈夫——约瑟夫。没有你，这本书不可能成真，因为在我正忙着看书、搜集资料、专注于写作的日子里，你迅速地计划我们一家人的饭菜。谢谢你与我分享留守儿童的需要，让我能短时间内瞥见他们的内心世界是多么需要人去关心和爱护。这么多年来，你在农村留下的足迹铭刻在每一条崎岖的小路上。再过几年，我们进入"空巢"的时候，希望我能与你手牵手一起探访这些孩子。

我的两个宝贝女儿林恩和林惠，谢谢你们相信和支持我的梦想。林恩，谢谢你花时间阅读我的书稿，并纠正我的标点符号，特别是帮助我做引文。这对我来说简直就是一个外星人的任务，因为我来自一个完全不同教育模式的时代。对于林惠来说，我很抱歉，有几回我饭后就立刻回到了写作，而不是与你一起坐在餐桌边聊天。但是，我很高兴在写作过程中，我们有不少难忘的时刻。就如一起观看那滑稽得要命的宠物世界视频，还有一起享受我们喝茶的爱好。

我还要感谢湖南少年儿童出版社的知心朋友周霞。虽然书稿急迫需要，但是您却给我一定的私人空间完成，还不断与我分享如何写一本适合中国读者阅读的书籍的反馈意见。当然还有不可少的翻译——谢影。尽管您翻译的那段时间腿受了伤，但是您日日夜夜不息地完成翻译，还超过本分职责给我提出有需要再次验证的信息，无形中帮了我不少。

也感谢陈尚义老弟花时间做一些插图。对不起，虽然插图没有用上，但是我已经发现了你的才能。希望我接下来的英语儿童阅读系列可以有你的精美作品。想到这个可能性，我已经非常兴奋了。

我还要对许多好友说一声：谢谢你们帮我联系到一

些关键人物和搜集到反欺凌的资源。正是通过这个美妙的渠道，我与罗伯特·佩雷拉老师相识而且在短短几个月内成为好友。我们多次通过网络讨论反欺凌，进行了精彩的交流，最终在香港见面喝茶。当您和我分享您多年的经验时，我真的非常激动。我迫不及待地想看您现场的培训，指导家长和老师们如何有效帮助孩子们应对欺凌问题。在这个巨大而复杂的话题上，我有很多东西要向您学习。但愿这样的机会会很快到来，只有这样我们才能帮助更多孩子、家长和老师做好应对措施。

最后是对那些对本书进展感兴趣的人，感谢您鼓励我继续前进。

我期待着不再有欺凌者和受害者的那一天，如果可能的话。这取决于我们每个人。让我们与所有的人和平共处。